SKANDINAVISCHE KÜCHE

SKANDINAVISCHE KÜCHE

ÜBER 100 REZEPTE AUS
SCHWEDEN, DÄNEMARK, NORWEGEN
UND FINNLAND

Sonia Maxwell

KÖNEMANN

This book was designed and produced by
Quintet Publishing Limited
6 Blundell Street
London N7 9BH

Creative Director: Richard Dewing
Designer: Ian Hunt
Managing Editor: Helen Denholm
Editor: Barbara Croxford
Photographer: Nick Bailey

Original title: Scandinavian Cooking

© 1996 für die deutsche Ausgabe
Könemann Verlagsgesellschaft mbH
Bonner Str. 126, D-50968 Köln
Redaktion der deutschen Ausgabe: Alexa Frank, Düsseldorf
Satz der deutschen Ausgabe: Thomas Heider, Bergisch Gladbach
Übersetzung aus dem Englischen: Beate Felten, Köln
Druck und Bindung: Sing Cheong Printing Co., Ltd.
Printed in Hong Kong
ISBN 3–89508–194–9

Fotonachweis
Der Verlag dankt den folgenden Organisationen
für die zur Verfügung gestellten Fotografien über Skandinavien:
Danish Tourist Board: Seiten 1 (D. Betz), 13 (O. Akhof),
51 (D. Betz), 77 (D. Betz), 113 (Mayher)
Finnish Tourist Board: Seiten 7, 12, 18, 31, 66
Life File: Seiten 6 (Cecilia Innes), 10 (Nigel Shuttleworth),
21 (Richard Powers), 65 (Eric Wilkins),
75 (Cecilia Innes), 79 (F. Ralston), 111 (Andrew Ward), 121 (Terry O'Brien)
Norwegian Tourist Board: Seiten 9, 33, 82, 95
Swedish Travel and Tourism Council: Seiten 11 (Göran Assner),
54 (Per Klaesson)

INHALT

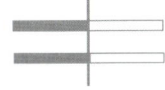

SKANDINAVIEN – LAND DER MITTERNACHTSSONNE

Zu Skandinavien, der nördlichsten Region Europas, zählen Schweden, Finnland, Norwegen und Dänemark – Länder, die in der Vergangenheit zahlreiche politische Verbindungen erlebt haben: die Union von Schweden mit Norwegen und Dänemark, von Schweden mit Finnland, von Dänemark mit Norwegen. Diese Tatsache erklärt den starken Einfluß der skandinavischen Nachbarländer aufeinander. Ihre gemeinsamen Traditionen, Gebräuche und Eßgewohnheiten lassen sich bis zu den Wikingern zurückverfolgen. Dennoch sind es vier unabhängige Länder mit eigenen, unverwechselbaren Merkmalen.

Die Völker des Nordens sind so verschieden wie seine Landschaften, allen gemeinsam ist jedoch eine ausgeprägte Naturverbundenheit. Die dünne Besiedlung der ländlichen Gebiete Schwedens, Norwegens und Finnlands und die 150000 Seen, von denen die schwedische Landmasse überall aufgebrochen wird, haben dazu geführt, daß die Nordländer ein ausgeprägtes Gefühl für Stille und Einsamkeit entwickelt haben. Tiefe Wälder erstrecken sich bis hinauf nach Lappland, wo sie schließlich in menschenleere Regionen aus Eis und Schnee übergehen. Zunächst mögen die Menschen reserviert erscheinen, doch „wenn das Eis erst einmal gebrochen ist", versteht man, warum sie für ihre freundliche, aufgeschlossene Art so berühmt sind.

Aufgrund der geographischen Lage ist der Rhythmus der Jahreszeiten in Skandinavien einzigartig, wobei der Jahreszyklus primär von der Anzahl der Sonnenstunden bestimmt wird. In einigen Regionen kann es an einem Sommertag mehr als 19 Stunden hell sein; in Lappland gibt es im Juni und Juli überhaupt keine

Nächte. Aber der Winter bringt Schnee und viele dunkle Stunden. Dann versammelt man sich besonders gern am häuslichen Kaminfeuer. Wenn die Sonne schließlich mitten im Winter untergeht, geht sie 51 Tage lang nicht mehr auf…

Schon die Wikinger waren ein äußerst gastfreundliches Volk, und Gastfreundschaft gehört auch heute noch zu den besonderen Eigenschaften der Skandinavier. Auch für ihr Design sind sie berühmt. Da sie einen Großteil ihrer Zeit zu Hause verbringen, sind sie zu Experten für gemütliche und praktische Einrichtungen geworden. Außerdem ist ihre phantasievolle Tischgestaltung bekannt, und es verwundert nicht, daß Menschen, die so viel Wert auf die Präsentation ihrer Mahlzeiten legen, auch gutes Essen lieben. Dies zeigt sich zum Beispiel deutlich in der kunstvollen Zusammenstellung des Smörgåsbord, einer bekannten Spezialität der nordischen Küche.

Der Schlüssel zum abwechslungsreichen nordischen Tisch ist das Klima. Für die langen Winter müssen die Menschen umfangreiche Vorräte anlegen und jede mögliche Konservierungsmethode nutzen – Trocknen, Räuchern und Pökeln. Die Wikinger nahmen große Vorräte mit auf ihre langen Fahrten und benutzten sie zur Verpflegung und als Tauschmittel. Produkte der heimischen Natur waren schon immer Grundlage der skandinavischen Küche. Vor allem Wild (Bär, Rentier, Elch, Schneehuhn und Schneehase) wird vielfältig genutzt. Auch das Meer hat viel zu bieten: Hier gibt es Krabben, Hummer, Austern, Muscheln, Heringe, Forellen, Lachs und Kabeljau.

Wenn Salz knapp wurde, mußte man andere

Das elegante Interieur des Stockholmer Operncafés.

Methoden der Konservierung verwenden – Fleisch wurde in Butter oder Molke eingelegt, Fisch gelegentlich sogar vergraben, eine Vorform der heutigen Tiefkühlmethoden. Dabei ging der Fisch häufig in Gärung über, was als Delikatesse galt. Der heutige schwedische „surstromming", ein saurer Ostseehering, basiert auf diesem Brauch.

Doch war Salz stets das bevorzugte Konservierungsmittel, und wenn es verfügbar war, benutzten die Skandinavier es mit einer solchen Begeisterung, daß heftige Durstanfälle immer an der Tagesordnung waren. Diese Schwäche für stark gesalzene Speisen haben sich die Skandinavier bewahrt. Für viele Rezepte benötigt man Fleisch, das tagelang in einer Salzlake gelegen hat und in dieser auch gekocht wird – damit es nicht nur den Salzgeschmack annimmt, sondern auch schön zart wird.

Hering und Kabeljau werden aufgehängt und trocknen im Atlantikwind. Getrockneter Kabeljau, auch als „stokkfisk" oder „Stockfisch" bekannt, wird zu „lutefisk", indem man ihn vor dem Kochen in einer Salzlake mariniert. Da Kabeljau und Hering im Überfluß vorkommen und leicht zu konservieren sind, gehören sie zu den Hauptnahrungsmitteln und werden außerdem in großem Umfang exportiert. Bereits die Wikinger nahmen getrockneten und gesalzenen Kabeljau mit auf ihre Fahrten nach Südeuropa, wo er sich bis heute großer Beliebtheit erfreut.

Viele Fleisch- und Fischsorten wurden durch Räuchern für den skandinavischen Tisch haltbar gemacht. Doch die Wikinger schätzten auch Hammelfleisch, Kohl, Äpfel, Käse, Gurken, Meerrettich, Pilze, Nüsse und Beeren – bis heute wichtige Bestandteile der nordischen Küche. Zum Würzen und Garnieren benutzt man gern Petersilie und vor allem Dill. Zu den Grundnahrungsmitteln gehören ferner zahlreiche Milchprodukte. Die Auswahl an Knäckebrotsorten, Fladen- wie Sauerteigbroten ist groß. Der niedrige Feuchtigkeitsgehalt von Knäckebrot gewährleistet eine hervorragende Haltbarkeit; einige Brote haben sogar ein Loch, damit man sie aufgehängt an einer Stange lagern kann – so bleiben sie trocken.

In Skandinavien trinkt man gern einen starken Schnaps, den Aquavit, und Bier. Norwegisches Bier, vor allem in seinem Herkunftsland sehr beliebt, wird bis in die USA exportiert. Die Geschmackspalette reicht von starken „Osterbieren" (8 % Alkohol) bis zu leichteren „Durstlöschern". Obwohl Aquavit überall in Skandinavien geschätzt wird, hat jedes Land seine eigenen Vorlieben entwickelt. Die Dänen genießen ihn mit heißem, starkem Kaffee; doch er kann genausogut in langstieligen, gekühlten Gläsern serviert werden. Ein Toast mit Aquavit ist eine feierliche Angelegenheit: Man schaut einander in die Augen, sagt „Skol" und leert das Glas in einem Zug. In Norwegen sind auch Scotch

Das Meer ist für alle skandinavischen Länder eine wichtige Nahrungsquelle.

und Gin sehr beliebt; die Schwäche der Finnen für Wodka ist nicht verwunderlich – Finnland grenzt im Osten an Rußland.

Frisches Gemüse, Salate, Beeren, Obst, frischer Fisch, Rogen und cremige Milchprodukte werden besonders gern im Sommer verzehrt, wenn die meisten Mahlzeiten im Freien eingenommen werden. Sobald der Winter einsetzt, ziehen sich die Menschen in ihre gemütlichen, komfortablen Häuser zurück. Wenn die Tage kürzer werden, genießt man Wildbret und Pilze aus den Wäldern, dampfende Eintöpfe und selbstgebackene Brote.

Wer die skandinavische Küche kennenlernen will, begibt sich auf eine kulinarische Entdeckungsreise durch faszinierende Landschaften und erfährt dabei vielleicht auch ein wenig über die Bewohner. Jede Region besitzt eigene Spezialitäten, die häufig mit interessanten Geschichten verknüpft sind.

SKANDINAVIEN

NORWEGEN

Die Landschaft Norwegens ist voller Dramatik. Hier findet man hohe, schneebedeckte Berge, tiefe, einsame Fjorde und unberührte Wälder. Man kann nur staunen über die rauhe Schönheit eines Landes, dessen Fläche nur zu 4 % landwirtschaftlich genutzt werden kann.

Die Norweger lieben das Leben im Freien und ziehen sich gern auf ihre „hytter" oder Hütten zurück, um sich von den Strapazen des Alltags zu erholen. Hier kann man jagen und angeln, wilde Beeren und Pilze sammeln und die Natur in ihrer ganzen Fülle genießen. Die Norweger sind ein Volk von Wanderern und Skifahrern. Trotzdem gehen sie respektvoll mit der Natur um, sie bewahren die von Gebirgsketten durchzogene Landschaft und belassen riesige Landstriche in ihrem ursprünglichen Zustand.

Die Norweger sind stolz auf ihre Wikingervorfahren, die im 8. Jahrhundert erstmals das Land einten, auch wenn es danach fast 1000 Jahre lang entweder unter schwedischer oder dänischer Herrschaft stand. Die endgültige Unabhängigkeit wurde erst 1905 erlangt, obwohl es bereits seit 1814 eine Verfassung gab. Das 19. Jahrhundert brachte viele berühmte Norweger hervor: unter anderen den Komponisten Edvard Grieg, den Dramatiker Henrik Ibsen, den Maler Edvard Munch und den Polarforscher Roald Amundsen.

An der Küste sind die Winter relativ mild, besonders im Süden, wo der Golfstrom meist dafür sorgt, daß die Temperatur in Oslo nie unter 8 °C sinkt. Im Binnenland und in den nördlichen Regionen sind die klimatischen Verhältnisse allerdings anders, hier gibt es lange, bitterkalte und sehr dunkle Winter. Die Sommer sind meist mild, wobei die Temperaturen nachts besonders stark zurückgehen können.

Die Kälte erfordert besondere Stärkungen. Das norwegische Frühstück fällt üppig aus, es gibt Hering, Aufschnitt und Käse zu knusprigem Fladenbrot. Die Mittagspausen sind kurz, das Mittagessen besteht meist nur aus belegten Broten. Das warme Hauptgericht wird früh eingenommen, meist zwischen 16 und 17 Uhr.

Da sich Norwegen von Süd nach Nord über mehr als 2400 Kilometer erstreckt, verwundert es nicht, daß die regionale Küche stark variiert. Im Süden sind Meeresfrüchte beliebt, im Norden gilt Walfleisch als Delikatesse. In den kristallklaren Flüssen tummeln sich Süßwasserfische, auch Lachse. Fischgerichte gehören daher zu den Spezialitäten der norwegischen Küche. Schafe und Ziegen eignen sich besser für das gebirgige Land als Rinder; Wild gibt es im Überfluß. Fisch und Fleisch wird besonders in den nördlichen Inselregionen für die langen Winter haltbar gemacht. Fisch trocknet im eisigen Wind, während Hammelfleisch zuerst gesalzen oder geräuchert wird.

Bis in die fünfziger Jahre war Norwegen arm; spezialisiert auf Fisch- und Holzhandel, verfügte es über nur wenig Industrie – bis 1968 in der Nordsee Erdöl entdeckt wurde. Daraufhin wandelte sich das Schicksal des Landes. Heute genießen die Norweger den weltweit höchsten Lebensstandard. Aber die Natur beherrscht noch immer weite Regionen und ermöglicht es den Bewohnern, sowohl die Vorteile einer wohlhabenden Nation als auch die Freuden des Landlebens zu genießen.

Kinder in der Nationaltracht der Finnmark –
des nördlichsten Teils Skandinaviens.

DÄNEMARK

Die dänische Halbinsel mit ihren etwa 450 Inseln verbindet Europa und Skandinavien. Im Gegensatz zu den übrigen skandinavischen Ländern ist das dänische Festland nur leicht hügelig. Das Klima ist vom Golfstrom geprägt, mit warmen Sommern und nassen, relativ schneefreien Wintern.

Auf einer Fläche von über 43000 km^2 leben etwa 5 Millionen Dänen, ein friedliebendes Volk, das stolz ist auf seinen Wohlfahrtsstaat und hohen Lebensstandard. Doch dies war nicht immer so. Zunächst wurde Jylland (Jütland) von nomadischen Jägern bewohnt, bis um 500 v. Chr. die Dänen, ein schwedischer Volksstamm, südwärts zogen und sich dort, im heutigen Dänemark, niederließen.

Die strategische Lage des Landes und die Ausbreitung der Wikinger führte zu zahlreichen Auseinandersetzungen, mit England und Westeuropa kämpfte man um die Vorherrschaft über die Nordsee, mit Norwegen und Schweden um das Skagerrak, mit Deutschland, Polen und Rußland um die Ostsee.

Die Wikinger waren geschickte und tollkühne Seefahrer, die über wendige Schiffe verfügten, was bei ihren zahlreichen Fahrten und Eroberungszügen sehr vorteilhaft war. Sie besetzten einen Großteil Englands und Irlands, ließen sich an der französischen Küste nieder, fuhren bis nach Sizilien und ans Schwarze Meer. Ihre Entdeckungsfahrten in nördliche Gefilde führten sie bis nach Island, Grönland und Kanada.

Als die Europäer lernten, ihre Territorien besser zu verteidigen, verloren die Wikinger allmählich ihre Vormachtstellung. Im 18. Jahrhundert wurde Dänemark schließlich ein demokratischer Staat, der sich in der Hauptsache auf kulturelle Ziele konzentrierte.

Die dänischen Hauptinseln sind sehr unterschiedlich. Auf der Insel Seeland liegt das kosmopolitische Kopenhagen, in dessen Hafen sich die berühmte Skulptur der kleinen Meerjungfrau befindet. Auch der Vergnügungspark Tivoli ist weltbekannt, und im

Das berühmte „Legoland" in Dänemark.

Norden der Insel liegt Hamlets Schloß Kronborg. Die Insel Fünen, Heimat des Dichters Hans Christian Andersen, wird aufgrund ihrer Fruchtbarkeit die „Kornkammer Dänemarks" genannt. Die Inseln Lolland und Falster sind bekannt für ihr Obst; von dort stammt auch der berühmte Bernstein. Auf der Insel Mon befinden sich zahlreiche Zeugnisse aus der Steinzeit, aber auch berühmte Dorfkirchen aus dem 12. und 13. Jahrhundert, die mit Fresken, die biblische Szenen darstellen, ausgemalt sind. Die Ferieninsel Bornholm, etwa 150 km östlich des Kernlandes gelegen, mit ihren goldenen Feldern, reichen Gehöften und ausgedehnten Wäldern ist ein „Dänemark in Miniatur", und alte Dorfgaststätten laden zum gemütlichen Verweilen ein.

Die 18 Faröer-Inseln sind berühmt für ihren Fischreichtum und ihre Strickwaren.

Die Dänen lieben gutes Essen und finden leicht einen Grund für eine kleine Kaffeepause mit etwas Gebäck oder einem Butterbrot. Die dänische Küche verbindet deftige Kost mit verfeinerter höfischer Eßkultur, die stark von den Traditionen anderer Länder, speziell der französischen, beeinflußt wurde.

In Dänemark wird mehr Fleisch, insbesondere Schweinefleisch, gegessen als im übrigen Skandinavien. Geräucherter und gekochter Schinken gehören zu den Favoriten. Auch Wildbret ist beliebt, vor allem Hase und Fasan. Sonntags ißt man meist Hühnchen. Auch Fischgerichte und die breite Palette heimischer Käsesorten sind aus dieser Küche nicht wegzudenken.

Das fruchtbare, milde Dänemark ist Skandinaviens „Land, wo Milch und Honig fließen". Hier verschmelzen Landschaft, Kultur und Küche von Nord und Süd zu einzigartiger Harmonie.

SCHWEDEN

Schweden ist ein riesiges Land. Von der kargen arktischen Nordspitze bis hinunter in den fruchtbaren Süden erstreckt sich Schweden über fast 1600 Kilometer. Es ist das viertgrößte Land Europas, dabei jedoch dünn besiedelt, mit einer Bevölkerungszahl von nur 8,5 Millionen Menschen. Ein Land atemberaubender Kontraste. 50 % der Landfläche sind von Wäldern bedeckt, überall gibt es Seen (zwei davon die größten Europas), einsame Moore und wilde Flüsse. Landschaftlich ist Schweden größtenteils relativ flach bis leicht hügelig. Im Nordwesten findet man allerdings eine mächtige Gebirgskette, deren Gipfel zum Teil über 2000 Meter hoch sind. Die vielen kleinen Inseln vor der Küste sind beliebte Sommerdomizile.

Elch, Rentier, Bär und Luchs durchstreifen die Wälder; Seen und Flüsse sind fischreich, und hoch in der Luft kreisen Seeadler und Fischadler.

Das Klima ist sehr unterschiedlich im „Land der Mitternachtssonne". Die Sommer sind warm mit langen, hellen Tagen, die Winter bitterkalt und dunkel. Auch Vergangenheit und Gegenwart stehen in auffälligem Kontrast zueinander, auf der einen Seite die Wikinger, auf der anderen hochmoderne Großstädte, aber auch Schwedens Liebe zum traditionellen Kunsthandwerk wie Schnitz-, Web- und Glasbläserkunst. Musik der 40er und 50er Jahre wird überall gern gehört, auch wenn Rockgruppen wie „Abba" international anerkannt sind.

Traditionelle Feste spielen eine wichtige Rolle. Ein besonderes Fest ist das Valborgfest, die Walpurgisnacht, am 30. April. An diesem Tag wird mit Freudenfeuern das Ende des Winters gefeiert. Am Mittsommertag schmücken die Schweden ihre Häuser mit Blumengirlanden, sie tanzen um Maibäume und leisten der Sonne die ganze Nacht Gesellschaft. Das wohl bekannteste Fest wird am 13. Dezember, dem Tag der Heiligen Lucia, gefeiert und stammt vermutlich noch aus heidnischer Zeit. Junge Mädchen, einen Kranz mit brennenden Kerzen auf dem Kopf (heute sind es meist elektrische Kerzen), verkörpern die Lichterkönigin. Zusammen mit ihren Dienerinnen „regiert" Lucia an ihrem Ehrentag, der den Beginn der Weihnachtszeit einleitet.

Auch in Schweden legt man großen Wert auf Naturschutz, daher tummeln sich selbst in den Gewässern im Stadtzentrum von Stockholm die Fische, und im Park von Malmö haben sich Hasen angesiedelt.

Stockholm, auf 14 Inseln erbaut und reich an schönen Parkanlagen, hübschen Plätzen und weitläufigen Alleen, gilt als eine der schönsten Hauptstädte Europas. Auch hier liegen die Gegensätze nah beieinander, denn nur einige Minuten von den hochmodernen Wolkenkratzern entfernt verliert man sich in engen, mittelalterlichen Gassen. Stockholm verfügt über eine gute Infrastruktur mit hervorragend ausgebauten Straßen- und Bahnnetzen, die es den Stockholmern ermöglichen, in Vororten rund um die Hauptstadt zu leben, inmitten von Kiefernwäldern und Seengebieten. Schweden ist reich an Rohstoffen und Bodenschätzen. Neben der blühenden Industrie (Zellulose-, Papier- und Holzproduktion) gibt es Uran-, Eisenerz- und andere Metallvorkommen. Wasserkraftwerke besorgen etwa 15 % der Energie; diese preiswerte Energiegewinnung spielte für den Aufstieg Schwedens zur Industrienation eine wichtige Rolle.

Die schwedische Küche ist deftig. Das Smörgåsbord, ein üppig gedeckter Tisch mit unterschiedlichsten Köstlichkeiten, ist wohl die bekannteste Spezialität. Der sorgsam geplante Aufbau dieses Buffets ist der Stolz jedes Gastgebers. Die Ursprünge des Smörgåsbord liegen angeblich mehr als 200 Jahre zurück, damals war es noch eine traditionelle Mahlzeit der Landbevölkerung.

Fisch (frisch, geräuchert oder eingelegt) ist eine Spezialität des Landes, wobei besonders Hering sehr beliebt ist. Auch Wild wird gern gegessen, entsprechend der jeweiligen Jagdsaison. Der Herbst bringt eine Fülle von Pilzen und Früchten, unter anderem Brombeeren, Blau- und Moosbeeren, die mit den cremigen Milchprodukten in köstliches Gebäck und leckere Sahnedesserts verwandelt werden.

Schweden wird oft als „reiches" Land bezeichnet, eine Tatsache, die sich in der Fülle der Bodenschätze, dem großen Wildreichtum und in der Lebensqualität der Bevölkerung spiegelt, die ihre großartige Natur nicht nur genießt, sondern auch aktiv schützt.

Ein typisch schwedischer Hafen mit hübschen Holzhäusern.

FINNLAND

*Ein Husky-Gespann zieht einen Schlitten durch die
schneebedeckte finnische Landschaft.*

Kultur und Lebensstil der Finnen sind einzigartig – selbst in Skandinavien. Das Land ist dünn besiedelt, und die Bevölkerung lebt in tiefer Naturverbundenheit, was nicht verwundert, denn überall findet man Wälder, selbst im Herzen der Hauptstadt Helsinki. Die ausgedehnten Moor- und Sumpfgebiete in Süd- und Zentralfinnland sind von Wäldern und Seen durchzogen, während im Norden allmählich die Tundragebiete mit Moosen und Flechten beginnen.

Auch das finnische Kunsthandwerk ist einmalig. Seit vielen Jahrhunderten werden in einsamen Dörfern Gebrauchsgegenstände hergestellt, und die Schnitzkunst wird von einer Generation an die nächste weitergegeben. Die Kinder beginnen schon früh mit dem Erlernen dieser Fertigkeit und verbringen einen Großteil ihres späteren Lebens mit der Vervollkommnung ihres Geschicks.

Strenggenommen sind die Finnen gar keine Skandinavier. Ihre Ahnen stammen aus Zentralasien und zogen nach Norden, um sich an den Küsten Finnlands niederzulassen; sie drängten dabei die Lappen zurück, hinauf ins heutige Lappland. Jahrhundertelang kämpften Schweden und Rußland um Finnland. Das Land wurde 600 Jahre lang von Schweden und 100 Jahre vom zaristischen Rußland beherrscht. So erklärt sich deren Einfluß auf die finnische Kultur.

Ein Drittel des Landes liegt nördlich des Polarkreises in arktischen Regionen. Obwohl die Temperaturen in diesen Gebieten bis auf −30 °C sinken können, sorgt der Golfstrom dafür, daß man hier die wärmsten Sommer in ganz Skandinavien genießen kann, mit Temperaturen, die oft über 20 °C liegen. Die Wintermonate (Mitte November bis Februar) sind dagegen kalt und dunkel. Der kurze Sommer ist hell, im äußersten Norden geht die Sonne im Juni und Juli überhaupt nicht unter. Während dieser kurzen Periode reift das Getreide.

Aufläufe und Eintöpfe erfreuen sich in Finnland besonderer Beliebtheit. Gern gegessen werden auch Steckrüben – Steckrübenauflauf ist ein traditionelles Weihnachtsessen. Es gibt viele Brotsorten, von Fladenbroten (vor allem im schwedisch geprägten Westen) bis hin zu Roggenbroten aus Sauerteig (typisch für den Osten, und auch in Rußland und Mitteleuropa beliebt). Fischeintöpfe bieten eine gute Gelegenheit, die noch vorhandene Ofenhitze nach dem Backen zu nutzen. Grützen und Breigerichte aus verschiedenen Getreidesorten sind beliebt und werden mit Beerenmus oder Sahne gereicht. Die Finnen haben eine eigene Variante des schwedischen Smörgåsbord entwickelt, sie sind aber auch durch die Eßkultur des benachbarten Rußlands geprägt, wie ihre Vorliebe für Borschtsch und diverse Fleischgerichte zeigt.

Obwohl die finnischen Eßgewohnheiten sowohl von ihren östlichen als auch westlichen Nachbarländern beeinflußt sind, basieren sie auf heimischen Produkten. Finnen betrachten die Natur als Geschenk, das es zu schützen gilt.

SOMMERSUPPE

KESAKEITTO

Diese leichte, gesunde Suppe wird aus frischen Sommergemüsen zubereitet. Sie ist besonders als Mittagessen oder spätes Abendessen beliebt. Danach werden oft kleine Pfannkuchen mit Konfitüre gereicht.

FÜR 6–8 PERSONEN

4 kleine Karotten	2 EL Mehl
200 g Erbsen	100 ml Milch
1 kleiner Blumenkohl	1 Eigelb
2 neue Kartoffeln	50 ml süße Sahne
200 g grüne Bohnen	200 g kleine, geschälte Garnelen
4 kleine Radieschen, halbiert	1 TL weißer Pfeffer
100 g frischer Spinat	2 EL feingehackter frischer Dill
2 TL Salz	oder Petersilie
25 g Butter	

Die Gemüse putzen, waschen und in ca. 1 cm große Würfel schneiden. Mit den Erbsen in einen Topf geben, mit kaltem Wasser bedecken und salzen. Ohne Deckel bißfest oder weichkochen. Spinat hinzufügen und weitere 5 Min. kochen. Flüssigkeit durch ein Sieb in eine Schüssel gießen und das Gemüse in eine andere Schüssel geben.

Die Butter zerlassen, vom Feuer nehmen und das Mehl einrühren. Unter ständigem Rühren langsam die heiße Gemüsebrühe hinzufügen, dann die Milch damit verquirlen. Eigelb und süße Sahne in einer kleinen Schüssel vermischen. 150 ml von der heißen Suppe löffelweise in die Eimasse rühren. Danach die erwärmte Eimischung zurück in die Suppe geben und verrühren.

Das Gemüse in die Suppe geben und erneut erhitzen. Kurz vor dem Kochen die Garnelen hinzufügen und 3–4 Min. köcheln. Abschmecken und mit gehacktem Dill oder Petersilie servieren.

BIERSUPPE

ØLLEBRØD

FÜR 4–6 PERSONEN

8 Scheiben Schwarzbrot

600 ml Malzbier

225 ml Wasser

geriebene Schale und Saft
  von 1 Zitrone

Zucker (nach Belieben)

150 ml Schlagsahne

Diese beliebte dänische Suppe wird nur selten von Touristen genossen; sie sollte eine breiige Konsistenz haben. Traditionell wird dafür süßes, dunkles, alkoholfreies Malzbier benutzt.

Das Brot in kleine Stückchen schneiden und in einen tiefen Teller legen. Bier und Wasser darübergießen und mindestens 3 Stunden einweichen.

Die Mischung in einen Topf geben und bei geringer Hitze köcheln lassen, bis sie die gewünschte Konsistenz bekommen hat. Sie sollte breiig sein. In einer Küchenmaschine bei mittlerer Geschwindigkeit pürieren. Zitronenschale und Zitronensaft dazugeben und mit Zucker abschmecken. Wieder auf den Herd setzen und aufkochen lassen. Heiß mit Schlagsahne servieren.

FEINE FISCHSUPPE

FIN FISKESUPPE

FÜR 4–6 PERSONEN

1 kg Steinbutt oder Glattbutt

1 l Wasser

2 TL Salz

3–4 Pfefferkörner

1 mittelgroße Zwiebel, in
  Scheiben geschnitten

1 Karotte

1 Porreestange

1 grüne Paprika

1 kleine Dose Piment

50 ml Öl

15 g Butter

½ TL Currypulver

1 Knoblauchzehe, zerdrückt

150–200 ml Weißwein

Salz und Pfeffer

Die Kombination von Fisch, frischem Gemüse, Knoblauch und Gewürzen macht diese Suppe besonders schmackhaft.

Den Fisch säubern und filetieren. Für die Brühe die Kiemen entfernen; Fischkopf, Haut und Gräten dagegen mit Wasser, Salz, Pfefferkörnern und Zwiebel in einen Topf geben. Aufkochen, dann die Hitze verringern und etwa 30 Min. köcheln, dann abseihen. Die Fischfilets in schmale Streifen schneiden und in einem Teil des Fonds 5–10 Min. köcheln lassen.

Gemüse waschen und in feine Streifen schneiden. In dem Öl und der Butter mit Currypulver und Knoblauch dünsten, bis es weich wird. Wein hinzufügen und einige Minuten kochen. Die Fischbrühe dazugeben und die Suppe köcheln lassen, bis das Gemüse gar ist. Den Fisch hinzufügen und gut erhitzen. Abschmecken.

BRENNESSELSUPPE

NÄSSELSOPPA

FÜR 4–6 PERSONEN

225 g junge Brennesseln
Salz und Pfeffer
5 EL gehackter frischer Schnittlauch
25 g Butter
3 EL Mehl
1,2–1,5 l Rinderbrühe

Eine schmackhafte Frühlingssuppe, die sich leicht zubereiten läßt. Die zarten, jungen Blätter kann man bei einem Frühlings-spaziergang pflücken; dazu benötigt man nur eine Tragetasche und Handschuhe. Die Suppe läßt sich gut mit hartgekochten Eiern, Garnelen und Croûtons kombinieren.

Die Brennesseln gründlich in kaltem Wasser waschen. Etwa 15 Min. lang in leicht gesalzenem Wasser weichkochen. Das Wasser abgie-ßen und die Nesseln mit dem Schnittlauch fein hacken.

Butter zerlassen, Mehl einrühren und unter ständigem Rühren 2–3 Min. kochen. Wenn die Mischung eine goldbraune Farbe ange-nommen hat, die Rinderbrühe dazugießen und 10 Min. kochen. Brennesseln und Schnittlauch zufügen. Mit Salz und Pfeffer ab-schmecken. Die Suppe eventuell mit einem pochierten Ei oder einem halben hartgekochten Ei pro Person servieren.

GELBE ERBSENSUPPE MIT SCHWEINEFLEISCH

GUL ÄRTSOPPA MED FLÄSK

FÜR 4–6 PERSONEN

425 g getrocknete gelbe Erbsen
2 l Wasser
350 g leicht geräuchertes
  Schweinefleisch, über Nacht
  eingeweicht
1 kleine Zwiebel oder
  Porreestange, gehackt
½ TL Majoran
Salz und Pfeffer

Eine herzhafte Suppe, die eine Hauptmahlzeit gut ersetzen kann. Der rauchige Fleischgeschmack harmoniert hervorragend mit den gelben Erbsen. Majoran macht die Suppe besonders würzig.

Die Erbsen in kaltem Wasser waschen, 10 Stunden einweichen lassen, dann in frischem Wasser kochen. Schnell aufkochen und alle losen Erbsenschalen entfernen. Diesen Vorgang so lange wieder-holen, bis kaum noch Schalen auf dem Wasser schwimmen.

Das Schweinefleisch mit der Zwiebel und dem Majoran zu den Erbsen geben und etwa 2 Stunden köcheln lassen. Fleisch heraus-nehmen, in kleine Stückchen schneiden und zurück in die Suppe geben. Abschmecken und servieren. Senf dazu reichen.

SAINT-GERMAIN-SUPPE

GRÖN SOPPA

FÜR 4–6 PERSONEN

1 mittelgroße Zwiebel, in
Scheiben geschnitten

15–25 g Butter oder Margarine

1 l Kalbs- oder Geflügelfond

300 g frische Erbsen oder 1 kleine Dose und 1 kleines Paket
tiefgefrorene Erbsen

1 EL Mehl

1–2 EL Brandy oder Madeira

Salz und Pfeffer

1 Eigelb

100 ml Sahne

MEERRETTICHCREME

150 ml süße Sahne

2–2 1/2 TL geriebener Meerrettich

KÄSECROÛTONS

200 g Mehl

100 g Schweizer Käse, gerieben

1 Prise Salz

100 g Butter oder Margarine

2 EL eiskaltes Wasser

1 Ei zum Bestreichen

Eine der klassischen Suppen mit einem milden, delikaten Geschmack, der die Meerrettichcreme eine ganz besondere Note verleiht.

Die Zwiebel in ein wenig Butter oder Margarine glasig dünsten. Den Fond dazugießen und die Erbsen hinzufügen. Die Mischung 15 Min. kochen. In der Küchenmaschine pürieren und durch ein Sieb streichen.

15 g Butter oder Margarine zerlassen und das Mehl hinein-rühren. Unter ständigem Rühren 2–3 Min. kochen. Nach und nach die passierte Suppe hineingeben, den Brandy oder Wein dazugießen und abschmecken.

Eigelb und Sahne in einer Suppenterrine verschlagen und unter kräftigem Rühren in die Suppe geben. Die Suppe in vorgewärmten Suppenschalen servieren und mit einem Tupfen Meerrettichcreme und Käsecroûtons garnieren. Für die Meerrettichcreme Sahne und geriebenen Meerrettich vermischen.

Für die Croûtons das Mehl mit dem Käse und dem Salz vermi-schen. Margarine oder Butter in Flöckchen in die Mischung geben. Wasser hinzufügen, rasch verkneten und den Teig zu einer Kugel formen, dann 30 Min. an einem kühlen Ort ruhen lassen.

Den Backofen auf 240 °C (Gas Stufe 5) vorheizen. Den Teig auf eine Dicke von 3–4 mm ausrollen und kleine Vierecke ausschnei-den. Mit dem verquirlten Ei bestreichen und auf ein Backblech legen. Backen, bis die Croûtons eine goldgelbe Farbe angenommen haben. Warm servieren.

*Eine Rentierherde sucht im Schnee
nach Nahrung.*

STECKRÜBENSUPPE

KÅLROTSUPPE

FÜR 4–6 PERSONEN

1 Steckrübe

1,5 l Rinderbrühe

15 g Butter

1 EL Mehl

100 ml Sahne

1 Prise Salz

Pfeffer

1 EL gehackte frische Petersilie

Eine gute Wintersuppe, preiswert und leicht zuzubereiten. Mit etwas Sahne erhält sie eine seidig glatte Konsistenz.

Die Steckrübe schälen und in Scheiben schneiden. In der Rinderbrühe etwa 25 Min. kochen, bis sie weich wird. Herausnehmen und durch ein Sieb passieren oder pürieren; Kochflüssigkeit aufbewahren.

Butter in einem Topf zerlassen und das Mehl hineinrühren. Unter ständigem Rühren 2–3 Min. kochen. Kochflüssigkeit und Steckrübenmus hineingeben. 10 Min. köcheln. Sahne in eine Terrine geben. Suppe unter leichtem Rühren dazugießen. Würzen und mit gehackter Petersilie garnieren.

GÄNSEKLEINSUPPE

KRAASESUPPE

FÜR 4–6 PERSONEN

Magen, Flügel, Hals, Füße und
  Herz einer Gans

900 ml Wasser

4 Porreestangen

4 Karotten

100 g Sellerie

2 TL Salz

4 Pfefferkörner

6 mittelgroße saure Äpfel

225 g Backpflaumen, entsteint

50 g Zucker

350 ml Wasser

100 g Butter

50 g Mehl

1,5 l Gänsekleinbrühe und
  Pflaumen- und Apfelsaft,
  gemischt

Die Dänen lieben Gans und dicke, nahrhafte Suppen. Da sie außerdem sehr sparsam sind, benutzen sie die Reste einer Gans zur Zubereitung anderer Gerichte.

Den Magen säubern und die dicke Haut entfernen. Die Flügel halbieren und den Hals in mehrere Stücke schneiden. Haut und Krallen von den Füßen lösen. Das Herz waschen. Das Gänseklein in einen großen Topf legen, mit kaltem Wasser bedecken und zum Kochen bringen. Porreestangen, Karotten und Sellerie putzen, in große Stücke schneiden und dazugeben. Mit Salz und Pfefferkörnern würzen. Bedeckt etwa 2 1/2 Std. köcheln lassen.

Die Äpfel schälen, entkernen, in Scheiben schneiden und mit den Pflaumen, Zucker und Wasser in einen Topf geben. Kochen, bis das Obst weich ist. Abgießen und die Flüssigkeit beiseite stellen, das Obst wird nicht mehr gebraucht.

Das Fleisch abtropfen lassen, die Brühe auffangen und beiseite stellen. Die Butter zerlassen, das Mehl dazugeben und 2–3 Min. unter ständigem Rühren kochen. Langsam den Obstsaft und die Fleischbrühe dazugeben. Wenn die Mischung dick zu werden beginnt, zurück in den Topf geben und bei niedriger Hitze 10 Min. köcheln lassen. Dazu Klöße reichen (s. S. 61).

2

VORSPEISEN UND SNACKS

Lachsmousse
Seehasenrogen auf Toast
Glasbläserhering
Frischkäse
Belegte Brote
Appetit-Sandwich
Dänische Käsemousse
Blinis
Leberpastete
Gefülltes Brot

LACHSMOUSSE

LAX MOUSSE

FÜR 4 PERSONEN

500 g gekochter Lachs, entgrätet

2 ½ EL Zitronensaft

1 TL Salz

Cayennepfeffer

Gelatine

100 ml heiße Kochflüssigkeit vom
  Lachs oder Wasser

3 EL Mayonnaise

3 EL Dill, feingehackt

75 ml süße Sahne, geschlagen

Spargelspitzen, kleingehackte
  hartgekochte Eier, Zitronenscheiben und kleine Dillzweige
  zum Garnieren

Eine köstliche sommerliche Vorspeise, die besonders hübsch aussieht. Kein Grund, vor der Ankunft der Gäste in Panik zu geraten – die Mousse kann vorher zubereitet werden und muß erst unmittelbar vor dem Servieren gestürzt werden. Verwenden Sie zu besonderen Anlässen verschiedene kleine Förmchen.

Den Lachs mit einer Gabel zerpflücken. Zitronensaft, Salz und etwas Cayennepfeffer vermischen. Die Gelatine im Fond oder Wasser auflösen. Abkühlen lassen. Mit dem zerpflückten Lachs mischen. Mayonnaise, Dill und Schlagsahne dazugeben.

Die Mousse in eine mit kaltem Wasser ausgespülte große Form oder mehrere kleinere Förmchen löffeln. Zum Festwerden in den Kühlschrank stellen. Stürzen und mit Spargelspitzen, kleingehackten hartgekochten Eiern, Zitronenscheiben und Dillzweigen garnieren.

◄ *Lachsmousse*

SEEHASENROGEN AUF TOAST

LÖJROMS TOAST

FÜR 4 PERSONEN

4 Scheiben Graubrot (wenn
  möglich rund)

40–50 g Butter

200 g frische oder tiefgefrorene
  geschälte Garnelen, aufgetaut

8–10 EL Mayonnaise

etwas Tomatenmark und
  Worcestershiresauce

4 Zitronenscheiben

150–200 g Seehasen- oder
  Ukeleirogen

Dill zum Garnieren

Eine köstliche Vorspeise, die sich leicht zubereiten läßt. Inspiriert wurde sie von dem berühmten Stockholmer Restaurant „Hamburger Börs".

Aus den 4 Brotscheiben mit einem Glas oder einer Tasse Kreise schneiden. Das Brot von beiden Seiten in der Butter backen, danach abkühlen lassen.

Die Garnelen schälen, klein hacken und mit der Mayonnaise vermischen. Mit etwas Tomatenmark und Worcestershiresauce färben und würzen. Die Mischung auf das gebackene Brot geben, obenauf eine Zitronenscheibe legen. Den Seehasen- oder Ukeleirogen auf die Zitronenscheibe geben. Mit Dill garnieren. Den köstlichen Toast sofort servieren.

GLASBLÄSERHERING

LASIMESTARIN SILLI

FÜR 4–6 PERSONEN

4 mittelgroße Heringe

3 mittelgroße rote Zwiebeln, in
  Scheiben geschnitten

2 Karotten, in Scheiben
  geschnitten

MARINADE

300 ml Weinessig

300 g Zucker

600 ml Wasser

20 ganze Pimentkörner

20 weiße Pfefferkörner

4 Lorbeerblätter

*Die Finnen haben eine Vorliebe für frischen Fisch. Diese
würzigen, leckeren Heringe schmecken am besten, wenn man
sie einige Tage mariniert.*

Die Heringe ausnehmen, säubern und über Nacht wässern.
Abtropfen lassen und trockentupfen. Anschließend in 4–5 cm große
Stücke schneiden.

Für die Marinade Essig, Zucker, Wasser, Pimentkörner, weiße
Pfefferkörner und Lorbeerblätter mischen. Zum Kochen bringen
und abkühlen lassen.

Heringe und Gemüse schichtweise in ein Glas geben. Mit Marinade
begießen, bis alles gut bedeckt ist. Vor dem Servieren mindestens
24 Std. in den Kühlschrank stellen. Mit gekochten neuen Kartoffeln
und Graubrot servieren.

Glasbläserhering ▶

FRISCHKÄSE

KOTIJUUSTO

FÜR 4–6 PERSONEN

3 Eier, Gewichtsklasse 5

1,2 l Buttermilch

3,8 l Milch

Salz

gehackte frische Petersilie zum
  Garnieren

*Jedes Dorf hat eigene traditionelle Formen für diese und
ähnliche einfache Käsezubereitungen, die oft als Vorspeise bei
kalten Büffets gereicht werden.*

Eier und Buttermilch schaumig schlagen. Die Milch zum Kochen
bringen, die Eimischung unter Rühren dazugeben. Den Herd ausschalten und die Mischung auf der Herdplatte langsam erkalten lassen. (Die Käsemasse setzt sich unten ab.)

Ein Sieb oder eine Käseform mit einem Musselintuch auslegen.
Den Käse mit einem Schaumlöffel herausnehmen und in das ausge-
kleidete Sieb legen, dabei zwischen die einzelnen Lagen ein wenig
Salz streuen. Mit einem Teller beschweren und 12 Std. in den Kühl-
schrank stellen. Den Käse in eine Schüssel geben und mit gehackter
Petersilie garnieren.

BELEGTE BROTE

SMØRREBRØD

Smørrebrød ist das dänische Nationalgericht und wird überall gern gegessen. Angeblich war es bereits im 18. Jahrhundert sehr beliebt. Die kunstvoll belegten Brote sind eine kleine Mahlzeit für sich und werden mit Messer und Gabel gegessen. In kleine Viertel geschnitten, ist Smørrebrød ein köstliches Hors d'œuvres für jede Party.

Dunkles Roggenbrot eignet sich besonders gut für belegte Brote. Falls man Weißbrot bevorzugt, sollte man es toasten. Die folgenden Ideen sind Vorschläge für phantasievolle Garnierungen mit den verschiedensten Zutaten.

EIER UND HERING

AEGS OG SILD

Hartgekochte Eier in Scheiben schneiden und auf gebuttertem Brot verteilen. Einen oder mehrere entgrätete Heringe auf die Eischeiben legen. Mit Brunnenkresse garnieren.

GERÄUCHERTER LACHS UND RÜHREI

ROGET LAKS OG RORAG

Ein Stück geräucherten Lachs auf gebuttertes Brot legen. Einen Streifen kaltes Rührei schräg über den Lachs legen. Mit feingehacktem Dill garnieren.

ROASTBEEF UND SPIEGELEI

BØF MED SPEJLAEG

Feine Scheiben kaltes Roastbeef auf gebuttertes Brot legen. Zwiebeln goldbraun und knusprig braten und auf den Roastbeefscheiben verteilen. Das Spiegelei obenauf legen und servieren, bevor es abkühlt. (Dänische Spiegeleier werden übrigens immer nur auf einer Seite gebraten.)

HANS-CHRISTIAN-ANDERSEN-SANDWICH

H.C. ANDERSEN SANDWICH

Eine Scheibe Brot mit Butter bestreichen und mit zwei Reihen knusprigem Speck belegen. Eine Hälfte mit Leberpastete bestreichen, die andere mit Tomatenscheiben belegen. Die Tomaten mit einem Tupfen Meerrettich garnieren.

KALTER SCHWEINEBRATEN

FLAESKESTEG

Legen Sie dünne Scheiben Schweinebraten auf das gebutterte Brot. Garnieren Sie es mit knusprigen Krustenstückchen, Gurkenscheiben oder kleinen eingelegten Gürkchen und roter Bete oder Rotkohl.

FÜR VEGETARIER

ITALIENISCHER SALAT

ITALIENSK SALAT

Gekochte, gehackte Karotten, feingeschnittenen Spargel, Erbsen und Mayonnaise vermischen. Ein Salatblatt auf eine Scheibe gebuttertes Brot legen und eine dicke Schicht italienischen Salat darauf verteilen. Mit Tomatenscheiben und Kresse garnieren. Falls Sie selbstgemachte Mayonnaise verwenden, einige Tropfen Estragon-Essig in den Salat geben.

TOMATE MIT ROHER ZWIEBEL

TOMAT MED RAA LOG

Legen Sie mehrere Tomatenscheiben auf ein gebuttertes Brot, und häufen Sie auf die Mitte ein wenig feingehackte, rohe Zwiebel.

APPETIT-SANDWICH

APTITSMÖRGÅS

FÜR 4 PERSONEN

4 Scheiben Weiß- oder Graubrot

1 große Zwiebel, feingehackt

8 g Butter

1 Büchse Sardellenfilets/Anchovis-
filets

1 EL Chilisauce

2 EL gehackte frische Petersilie

2 EL gehackter frischer Dill

4 Eigelb

Diese Sandwiches werden Ihre Gäste begeistern. Sie sind würzig, lecker und nahrhaft – eine richtige kleine Mahlzeit auf einer Brotscheibe.

Schneiden Sie mit einem Glas oder einer Tasse aus vier Brotscheiben Kreise aus. Das Brot toasten. Die Zwiebel in der Butter goldgelb dünsten. Die Sardellenfilets in kleine Stücke schneiden und mit der Zwiebel mischen. Chilisauce, Petersilie und Dill hinzufügen, dann rasch alles zusammen braten.

Die Mischung auf die getoasteten Brotscheiben verteilen. Für die Eidotter eine kleine Delle machen, dann auf jede Scheibe ein Eigelb legen. Sofort servieren.

DÄNISCHE KÄSEMOUSSE

DANSK OSTEMOUSSE

FÜR 6–8 PERSONEN

100 g Samsoe

100 g Danablu

300 ml süße Sahne

25 g Walnüsse, gehackt

15 g Gelatinepulver

2 EL Wasser

2 Eiweiße

1–2 TL Senf

1 TL Selleriesalz, nach Belieben

Pfeffer

Petersilienzweige und
Belegkirschen zum Garnieren

Dänemark gehört zu den Ländern mit dem weltweit größten Käseexport. Samsoe, ein fester Schnittkäse, verdankt seinen Namen der dänischen Insel Samsoe und schmeckt ähnlich wie Cheddar. Danablu, ein Blauschimmelkäse, hat einen pikant kräftigen Geschmack.

Beide Käsesorten in eine Schüssel mit 2 l Fassungsvermögen reiben. Die Sahne schlagen, bis sie leicht und schaumig, aber noch nicht steif ist. Die gehackten Walnüsse zufügen und die Mischung zu dem Käse geben. Gelatinepulver in einer kleinen Schüssel mit Wasser vermischen. Die Schüssel so lange in ein heißes Wasserbad stellen, bis sich das Pulver aufgelöst hat. Abkühlen lassen. Eiweiß steifschlagen und unter die Käsemasse heben. Mit Senf, Selleriesalz und Pfeffer würzen. Gelatine unter die Mischung heben.

Die Mischung in eine Form Ihrer Wahl geben. Kühl stellen und fest werden lassen. Vor dem Servieren die Mousse stürzen und mit Petersilienzweigen und Belegkirschen garnieren. Mit Toast oder Crackern servieren.

Dänische Käsemousse ▶

BLINIS

BLINIES

FÜR 4–6 PERSONEN

25 g frische Hefe

150 ml lauwarmes Wasser

90 ml Sahne

150 g Mehl

300 g Buchweizenmehl

400 ml heiße Milch

3 EL zerlassene Butter

1 TL Salz

2 Eier, getrennt

Diese klassischen russischen Buchweizenpfannkuchen werden gern mit frischem Rogen serviert, der allerdings saisonabhängig ist. Am besten eignet sich Aalquappenrogen.

Hefe in lauwarmem Wasser auflösen. Sahne hinzufügen und mit den beiden Mehlsorten verschlagen. Den Teig 8–12 Stunden gehen lassen.

Heiße Milch, zerlassene Butter und Salz hinzufügen und verquirlen. Eigelb in den Teig geben und sanft untermischen. Eiweiß steifschlagen und kurz vor dem Backen unter den Teig heben.

Die Pfannkuchen bei mittlerer Hitze in einer Pfanne in der restlichen Butter 2–3 Min. auf jeder Seite goldgelb backen. Heiß, mit frischem Rogen, kleingehackten rohen Zwiebeln, frisch gemahlenem Pfeffer und saurer Sahne servieren.

LEBERPASTETE

MAKSAPASTEIJA

FÜR 4–6 PERSONEN

350 ml Sahne

50 g Semmelbrösel

2 mittlere Zwiebeln, feingehackt

25 g Butter

450 g Leber (Bitten Sie den Metzger, die Leber mehrmals durch den Fleischwolf zu drehen.)

4 EL Kartoffelmehl

1 EL Zucker

3 EL Salz

1 EL gemahlener Ingwer

1 EL weißer Pfeffer

2 Eier, leicht verschlagen

dünne Scheiben roher Bauchspeck oder durchwachsener Speck

Diese Leberpastete wird häufig am Weihnachtsabend gereicht und kann warm oder kalt gegessen werden. Besonders gut schmeckt dazu Loganbeeren- oder Moosbeeren-Konfitüre oder -Gelee.

Die Sahne mit den Semmelbröseln mischen. Den Backofen auf 240 °C (Gas Stufe 5) vorheizen. Die Zwiebeln in der Butter glasig dünsten. Abkühlen lassen.

Die Leber mit sämtlichen Zutaten gut vermischen. Eine Back- oder Pastetenform mit den Speckscheiben auskleiden. Die Lebermischung in die Form geben und mit Alufolie abdecken. Die Form im Wasserbad im vorgeheizten Backofen 2 Stunden backen lassen. Vor dem Servieren in den Kühlschrank stellen.

*In den skandinavischen Ländern feiert man
Weihnachten besonders festlich.*

GEFÜLLTES BROT

GRATINERAD LANDGÅNG

FÜR 4–6 PERSONEN

1 kleines Weiß- oder Graubrot

100 g geräucherte Bratwurst

50 g Käse

2 Tomaten

50 g weiche Butter

1 mittelgroße Zwiebel, gehackt

gehackte frische Petersilie

Gratinerad Landgång ist ein ungewöhnlicher, besonders köstlicher Snack.

Backofen auf 240 °C (Gas Stufe 5) vorheizen. Den Brotlaib mehrmals einschneiden, aber nicht zu tief. Das Brot auf ein großes Stück Folie legen. Bratwurst, Käse und Tomaten würfeln und zusammen mit der Zwiebel, der Petersilie und der Butter vermischen.

Die Mischung zwischen die Scheiben streichen. Das Brot ganz mit der Alufolie umschließen und 15 Min. backen.

FISCH UND MEERESFRÜCHTE

SANDWICHKUCHEN MIT LACHS UND MEERESFRÜCHTEN

SMÖRGÅSTÅRTA

FÜR 4–6 PERSONEN

1 Weiß- oder Graubrot, der
   Länge nach in 1 1/2 cm dicke
   Scheiben geschnitten

BELAG

6 hartgekochte Eier, gehackt

2 Dosen à 170 g Krabbenfleisch

100 g geräucherter Lachs

100 ml Crème fraîche

100 g Mayonnaise

3 EL feingehackter Schnittlauch

3 EL feingehackter frischer Dill

Salz und Pfeffer

Ein köstlicher Kuchen aus Sandwiches, belegt mit geräuchertem Lachs und Meeresfrüchten.

Alle Zutaten für die Füllung vermischen. Die Brotscheiben mit der Mischung bestreichen.

Die Mayonnaise mit der Crème fraîche vermengen. Das Brot auf allen freien Seiten damit bestreichen, so daß ein glatter Überzug entsteht. Mit Garnelen, gefalteten Lachsscheiben, Rogen, Gurken- und Zitronenscheiben garnieren. Mit einem sehr scharfen Messer in einzelne Portionen schneiden. Dazu einen grünen Salat reichen.

GARNIERUNG

100 g Mayonnaise

100 ml Crème fraîche

450 g Garnelen

100–200 g geräucherter Lachs

60 g Seehasen- oder Ukeleirogen

1/2 Schlangengurke, in Scheiben
   geschnitten

Zitronenscheiben

◄ *Sandwichkuchen mit Lachs und Meeresfrüchten*

GEKOCHTER KABELJAU

KOGT TORSK

FÜR 4–6 PERSONEN

1,5 kg Kabeljau

25 g Salz

2 EL heller Malzessig

1 l Wasser

gehackte frische Petersilie zum
   Garnieren

Angeblich ist dänischer Fisch so hervorragend, daß man bis nach Kalifornien reisen muß, um Fisch von vergleichbarer Qualität zu finden. Dieses Gericht wird häufig an Silvester gegessen.

Den Fisch in große Stücke schneiden. Mit der Hälfte des Salzes bestreuen und 10–15 Min. beiseite stellen. Den Fisch gründlich waschen und in einen Topf legen. Das restliche Salz, den Essig und das Wasser zugeben. Bei geschlossenem Deckel langsam zum Kochen bringen. Den Herd ausschalten und den Fisch etwa 10 Min. ziehen lassen.

Den Sud abgießen. Den Fisch mit gehackter Petersilie garnieren. Mit gekochten Kartoffeln, kleingehackten hartgekochten Eiern und geriebenem Meerrettich servieren.

PETERSILIENSAUCE

PERSILLESAUS

FÜR 4–6 PERSONEN

25 g Butter

25 g Mehl

500 ml warmer Fischsud
  oder Brühe

2 EL feingehackte frische Petersilie

Salz und Pfeffer

Diese köstliche Sauce läßt sich sehr leicht zubereiten und paßt hervorragend zu vielen einfachen Fischgerichten, unter anderem auch zu Fischklößen.

Die Butter in einem Topf zerlassen, das Mehl zugeben und 2–3 Min. unter ständigem Rühren kochen lassen. Unter ständigem Rühren den warmen Fischsud dazugießen. 10 Min. kochen. Die Petersilie hinzufügen und abschmecken. Mit den Fischklößen servieren.

FISCHKLÖSSE

FISKE FARSE

FÜR 4–6 PERSONEN

1,25 kg frischer Fisch, durch den
  Fleischwolf gedreht

Salz und weißer Pfeffer

1 l Fischsud

Das delikate Fischaroma wird durch diese schonende Kochmethode nicht zerstört. Die Petersiliensauce (s.o.), für die auch Fischsud benutzt wird, bringt den Geschmack besonders gut zur Geltung.

Die Fischmasse mit Salz und Pfeffer würzen. Kleine, runde Klöße formen. Den Fischsud in einem Topf erhitzen. Fischklöße in den heißen Fischsud geben, 3–5 Min. garköcheln. Fischklöße mit Petersiliensauce (s.o.), gekochten Kartoffeln, grünen Erbsen und Salat servieren.

BORNHOLMER OMELETT

BORNHOLM AEGGEKAGE

FÜR 4–6 PERSONEN

6 Eier

175 ml Milch oder Sahne

1 TL Salz

50 g Butter

3 kleine Räucherheringe, entgrätet

15–20 Radieschen

1 Kopfsalat

2 EL frischer Schnittlauch, gehackt

Bornholm ist eine paradiesische kleine Ostseeinsel, berühmt für ihre Klippen, Sandstrände, Wälder, malerischen Städtchen – und ihren frischen oder geräucherten Hering. Hier eine ungewöhnliche Kombination der Zutaten.

Die Eier mit der Milch und dem Salz verschlagen. Die Butter in einer Pfanne zerlassen und die Eimischung hineingeben. Backen lassen, bis die gewünschte Konsistenz erreicht ist.

Heringe, Radieschen, Salat und Schnittlauch kleinschneiden und auf dem Omelett verteilen.

Bornholmer Omelett ▶

FISCH-PIE

PATAKUKKO

FÜR 4–6 PERSONEN

1 kg kleiner Flußbarsch
  oder Lachs

300 g Schinkenspeck, in Streifen
  geschnitten

1 1/2 EL Salz

TEIG

200 g Roggenmehl

75 ml Wasser

40 g Weizenmehl

1 TL Salz

Ein typisches Gericht aus Karelien, das sich leicht transportieren läßt. Ein leckerer Snack, der sich bestens für ein Picknick eignet. Der berühmteste Teig stammt aus Savo in Zentralfinnland und heißt „Kalakukko".

Den Fisch säubern und mit Salz bestreuen. In den Kühlschrank stellen und einige Stunden oder über Nacht stehenlassen, damit das Salz richtig einzieht. Eine Backform mit Speckstreifen auslegen. Den Fisch hineinlegen und mit etwas Wasser beträufeln.

Den Backofen auf 170 °C (Gas Stufe 3) vorheizen. Für den Teig Roggenmehl, Wasser, Weizenmehl und Salz vermischen. Auf einer bemehlten Unterlage gut durchkneten. Den Teig ausrollen und den Fisch in der Backform damit bedecken. 2–3 Stunden backen, bis er goldbraun ist.

MARINIERTER LACHS

GRAVAD LAX

FÜR 4–6 PERSONEN

1–1,5 kg frischer Lachs
  (Mittelstück)

50 g Salz

75 g Zucker

1 großer Bund frischer Dill

1 1/2 EL zerstoßene weiße
  Pfefferkörner

Kreieren Sie Ihren eigenen Gravad Lax mit Lachs, Forelle oder Makrele. Sie werden erstaunt sein, wie einfach es geht und wie köstlich das Gericht schmeckt. Eine Dill-Senf-Sauce ist die ideale Ergänzung.

Bitten Sie Ihren Fischhändler, den Lachs zu filetieren und das Rückgrat zu entfernen. Die restlichen kleinen Gräten sorgfältig entfernen. Salz und Zucker vermischen.

Einen flachen Teller mit der Hälfte des Dills bestreuen. Eines der Lachsfilets mit der Hautseite nach unten auf den Dill legen. Den Lachs mit der Hälfte der Salz-Zucker-Mischung einreiben. Mit zerstoßenen weißen Pfefferkörnern und der Hälfte des restlichen Dills bestreuen. Den Vorgang mit der anderen Lachshälfte wiederholen und beide Hälften mit den Hautseiten nach außen aufeinanderlegen. Mit Folie bedecken.

Drei Tage in den Kühlschrank stellen, dabei den Lachs alle 24 Stunden wenden. Vor dem Servieren die Gewürze abschaben, die Haut entfernen und den Lachs in Stücke schneiden. Mit Dill-Senf-Sauce (s. S. 40) servieren.

◄ *Marinierter Lachs*

DILL-SENF-SAUCE

GRAVLAX SÅS

FÜR 4–6 PERSONEN

1 EL Zucker

2 EL Malzessig

2 EL milder Senf

feingehackter frischer Dill

7 EL Öl

Salz und weißer Pfeffer

Diese Sauce kann außer für Gravad Lax auch für andere Fischarten verwendet werden.

Zucker, Essig, Senf und Dill vermischen. Das Öl tropfenweise in die Mischung geben und gut verrühren. Mit Salz und weißem Pfeffer abschmecken. Zu Gravad Lax (s. S. 39) reichen.

LECKERE FISCHFILETS

FISKEFILETER MED SMAK

FÜR 4–6 PERSONEN

6 kleine Tomaten

1 TL Salz

1 TL Pfeffer

Saft von ½ Zitrone

100 ml trockener Weißwein

1 EL feingehackte frische Petersilie

2 TL frischer Estragon

700 g Fischfilet, etwa Scholle
   oder Weißling

2 EL feingehackte Zwiebel

SAUCE

200 g weiße Champignons,
   frisch oder aus der Dose, in
   Scheiben geschnitten

75 g Butter

2 EL Mehl

200 ml Fischsud

2 Eigelb

100 ml Sahne

Dieses Rezept verleiht Weißfisch ein ganz neues Aussehen. Um eine Tomate gewickelt und auf einer cremigen Pilzsauce serviert, schmecken die Fischfilets genauso köstlich wie sie aussehen.

Die Tomaten überbrühen, abziehen und mit Salz und Pfeffer bestreuen. Zitronensaft mit Wein, Petersilie und Estragon mischen. Die Fischfilets in die Marinade legen, mit Salz und Pfeffer bestreuen und etwa 30 Min. ziehen lassen.

Den Backofen auf 200 °C (Gas Stufe 4) vorheizen. Um jede Tomate ein Fischfilet wickeln. Die feingehackte Zwiebel auf dem Boden einer gebutterten feuerfesten Form verteilen. Die umhüllten Tomaten nebeneinander in die Form legen. Mit Marinade übergießen. Die Form mit Folie abdecken und etwa 20 Min. backen.

Für die Sauce die Pilzscheiben leicht in der Butter anbräunen. Das Mehl darüberstreuen und 2–3 Min. erhitzen, danach den Fischsud einrühren und aufkochen lassen. Eigelb mit der Sahne vermischen. In die heiße, aber nicht kochende Sauce rühren. Mit Salz und Pfeffer abschmecken. Etwas Sauce auf einen Servierteller gießen und die Fischröllchen hineinlegen. Die übrige Sauce mit gekochtem Reis servieren.

Leckere Fischfilets ▶

GARNELEN UND ROGEN IM BROTKÖRBCHEN

RÄKOR OCH LÖJROM I TUNNBRÖDSKORG

FÜR 4 PERSONEN

100 g geschälte, frische Garnelen

4 EL Mayonnaise

Italienische Gewürzmischung

1 Bund gehackter Dill

4 Scheiben dünnes, ungesäuertes
Brot, z. B. feine Matzen

½ Eisbergsalat, gehackt

100 g Seehasen- oder
Ukeleirogen

1 Zitrone, in Spalten

*Dieses Gericht läßt sich leicht zubereiten und wird Ihren Gästen
sicher gefallen, da es sehr phantasievoll und hübsch aussieht.*

Die Garnelen fein hacken. Mit der Mayonnaise vermischen und
leicht mit der italienischen Gewürzmischung würzen. Einen Teil des
Dills hinzufügen, den Rest zum Garnieren aufbewahren.

Für den Brotkorb die Brotscheiben einzeln mit Wasser befeuch-
ten und kurz in einer heißen, trockenen Pfanne wenden. Die weiche Brotscheibe herausnehmen und auf ein umgekehrtes Glas legen.
Vorsichtig das Brot gegen die Glasseiten drücken, so daß ein kleiner
Korb entsteht. (Wenn das Brot abkühlt, wird es fest, und das Körbchen ist fertig.) Körbchen zu einem Drittel mit gehacktem Eisbergsalat füllen. Garnelenmischung zugeben. Den Rogen mit einem Löffel
formen und obenauf legen. Mit Dill und Zitronenspalten garnieren.

FISCH MIT CURRYSAUCE

FISK MED CURRY

FÜR 4–6 PERSONEN

300 ml Wasser

200 ml trockener Weißwein

1 kleine Porreestange oder
Zwiebel, in Scheiben

5 weiße Pfefferkörner

1½ TL Salz

500–600 g Weißfischfilets

gekochter Langkornreis zum
Servieren

geröstete Mandeln oder gesalzene
Erdnüsse zum Garnieren

*Diese Currysauce schmeckt genauso gut zu Hühnchen.
Geröstete Mandeln verleihen dem Gericht eine pikante Note.
Reichen Sie dazu Kopfsalat mit einer Zitronen-Vinaigrette.*

Wasser, Wein, Porree oder Zwiebel, Pfefferkörner und Salz in einem
Topf mischen. Aufkochen und abgedeckt 10 Min. köcheln lassen.

Fischfilets abwaschen, zusammenfalten und in einen großen Topf
legen. Die Flüssigkeit durchsieben und über den Fisch gießen.
6–8 Min. köcheln. Für die Sauce die Butter zerlassen, Currypulver
und Mehl dazugeben und erhitzen, aber nicht anbräunen lassen.
Nach und nach den Fischsud einrühren und einige Min. köcheln.
Vom Herd nehmen und Eigelb und Sahne dazugeben. Würzen.

Den Fisch auf ein Bett aus gekochtem Reis legen und ein wenig
Sauce darübergießen. Mit gerösteten Mandeln oder gesalzenen
Erdnüssen servieren. Die restliche Sauce separat reichen.

CURRYSAUCE

25 g Butter

1½ TL Currypulver

2 EL Mehl

300 ml abgeseihter Fischsud

1 Eigelb

100–200 ml Sahne

Salz und Pfeffer

GEBACKENER HECHT

UGNSBAKAD GÄDDA

FÜR 4–6 PERSONEN

1 kg Hecht

2 TL Salz

1 Ei, verschlagen

Semmelbrösel zum Panieren

1 TL gemahlener weißer Pfeffer

4–6 Sardellenfilets/Anchovisfilets

100 g Butter, zerlassen

225 g Käse, gerieben, möglichst
   Cheddar oder Edamer

Hecht, ein Fisch, der in Europa gering geschätzt wird, ist in Schweden sehr beliebt. Er hat ein köstliches Aroma, das Sie entdecken sollten.

Den Backofen auf 200 °C (Gas Stufe 4) vorheizen. Den Fisch entschuppen, die Flossen entfernen, den Kopf jedoch nicht abtrennen, da er den Geschmack verstärkt. Waschen und trockentupfen. Mit etwas Salz bestreuen und 5 Min. beiseite stellen. Den Fisch in dem verschlagenen Ei wenden und mit einer Mischung aus Semmelbröseln und etwas weißem Pfeffer panieren. Die Sardellenfilets (Anchovisfilets) oben auf den Fisch legen.

In Folie einschlagen und 20–30 Min. backen. Mehrfach mit zerlassener Butter begießen. 5 Min. vor Ende der Backzeit mit dem geriebenen Käse bestreuen. Mit gekochten Kartoffeln und gedünstetem Gemüse Ihrer Wahl servieren.

GEBACKENER OSTSEEHERING,
FRANZÖSISCHE ART

STEKT STRÖMMING MED FRANSK DOFT

FÜR 4 PERSONEN

1 kg ganzer Hering oder ca.
   600 g filetierter Ostseehering

1 TL Salz

7 EL Semmelbrösel

2 Knoblauchzehen, zerdrückt

½ TL Salz

3 EL gehackte frische Petersilie

2 EL gehackter frischer Thymian
   und Rosmarin

2 EL Olivenöl

Olivenöl, Knoblauch und Kräuter verleihen diesem einfachen und sehr beliebten Heringsgericht eine französische Note. Das Rezept eignet sich auch gut für frische Sardinen.

Den Backofen auf 220 °C (Gas Stufe 4–5) vorheizen. Den Fisch säubern und filetieren. Die Innenseiten mit Salz bestreuen und mit der Hautseite nach außen klappen. Filets nebeneinander in eine gefettete, ofenfeste Form legen.

Semmelbrösel, Knoblauch, Salz, Kräuter und Olivenöl miteinander vermischen. Die Mischung über die Heringe streuen. 20 Min. backen.

MATJESHERING
MIT TOMATEN UND OLIVEN

TOMATSILL

FÜR 4 PERSONEN

2 Matjesheringsfilets, in
    Marinade

4–6 Schalotten oder kleine
    Perlzwiebeln

12–14 Oliven mit
    Pimentos/Paprika

MARINADE

200 g Tomatenketchup

1 EL Essig, zum Einmachen

2 EL Zucker

1 Prise Salz

1 TL zerstoßener weißer Pfeffer

3 EL Öl

Ein traditionelles Rezept für eingelegte Heringe, die zusätzlich in eine besondere Marinade gelegt werden. Zu den Matjesheringen schmecken neue Kartoffeln besonders gut.

Den Hering in 5 cm lange Streifen schneiden. Die Schalotten in feine Ringe schneiden. Hering, Schalotten und Oliven in ein Glas schichten.

Für die Marinade Tomatenketchup, Essig, Zucker, Salz und Pfeffer miteinander vermischen. Rühren, dabei langsam das Öl zugeben. Den Hering mit der Marinade begießen, so daß er ganz bedeckt ist. Vor dem Servieren einige Stunden in den Kühlschrank stellen. Mit neuen Kartoffeln und Graubrot servieren.

Matjeshering mit Tomaten und Oliven ▶

FISCHKLÖSSE MIT TOMATEN,
ZWIEBEL UND SELLERIE

FISKEBOLLER GRYTE

FÜR 4 PERSONEN

700 g Fischklöße in Sud,
    gekocht (s. S. 36)

2 EL gehackte Zwiebel

4 EL gehackter Sellerie

25 g Butter

300 g Dosentomaten

350 g tiefgefrorene Erbsen

Salz und weißer Pfeffer

Dieses leckere, ungewöhnliche Gericht mit Fischklößen ist nur eines von vielen Beispielen für die Kunst der Norweger, heimischen Fisch zuzubereiten.

Fischklöße abtropfen lassen. Zwiebel und Sellerie einige Min. in der Butter andünsten. Die Tomaten zusammen mit dem Saft hineingeben und die Erbsen hinzufügen. Vorsichtig köcheln lassen, bis Zwiebel und Sellerie weich sind. Die Fischklöße zugeben und vorsichtig erhitzen. Abschmecken. Mit gekochten Kartoffeln oder Reis servieren.

FISCH-GRATIN

FISKEGRATENG

FÜR 4–6 PERSONEN

75 g Butter

75 g Mehl

400 ml Milch

3 Eier, getrennt

½ TL gemahlener Muskat

450–750 g gekochter Weiß-
  fisch, etwa Kabeljau,
  Schellfisch oder Glattbutt,
  gehackt

Salz und Pfeffer

1 EL Semmelbrösel

zerlassene Butter zum Servieren

*Ein köstliches Weißfisch-Gratin mit einem Hauch Muskat.
Durch die Kombination mit Eigelb wird das Gericht besonders
pikant, der Eischnee macht es angenehm leicht.*

Den Backofen auf 170 °C (Gas Stufe 3) vorheizen. Die Butter in
einem Topf zerlassen und das Mehl dazugeben. 2–3 Min. unter
ständigem Rühren erhitzen. Die Milch langsam dazugießen und zum
Kochen bringen. Abkühlen lassen. Eigelb, Muskat, kleingehackten
Fisch, Salz und Pfeffer hineinrühren. Zum Schluß das Eiweiß schlagen und den Eischnee unterheben.

Die Fischmischung in eine gefettete, ofenfeste Form geben und
mit Semmelbröseln bestreuen. Etwa 1 Stunde backen.

Mit zerlassener Butter servieren.

GARNELEN IN DILLCREME

RÄKOR MED DILLGRÄDDE

FÜR 4 PERSONEN

400 g geschälte Garnelen

100 g feingehackter Dill

300 ml Schlagsahne

Gelatine

2 EL Sherry

Salz und weißer Pfeffer

feingehackter frischer Dill

1 Schlangengurke, in Scheiben
  geschnitten

1 Kopfsalat

100 g Seehasenrogen

*Es ist immer günstig, wenn man ein Gericht für eine Party im
voraus zubereiten kann. Dieses Gericht kann als Vorspeise oder
als Hauptgericht gereicht werden.*

Die Garnelen in eine Schüssel geben und den feingehackten Dill
hinzufügen. Die Sahne dazugießen und einige Stunden in den
Kühlschrank stellen.

Gelatine in warmem Wasser auflösen. Garnelen abtropfen
lassen, die Sahnemischung auffangen und in die Gelatine rühren.
Sherry dazugeben und abschmecken. Garnelen dazugeben. Die
Mischung in eine gekühlte Kranzform geben und 5–6 Stunden in
den Kühlschrank stellen, bis sie fest geworden ist.

Den Garnelenkranz auf eine Servierplatte stürzen. Mit feingehacktem Dill bestreuen. Mit Gurkenscheiben, Salatblättern und
Seehasenrogen garnieren.

◄ *Garnelen in Dillcreme*

GERÄUCHERTER, GEFÜLLTER LACHS

RÖKT LAXROS

FÜR 4 PERSONEN

4–8 Salatblätter

150 ml Schlagsahne

1 EL Zitronensaft

Salz und weißer Pfeffer

3–4 TL Meerrettichpaste

350 g frische Garnelen, geschält,
    oder 175 g geschälte Garnelen
    aus dem Glas

8 dünne Scheiben Räucherlachs

frischer Dill, zum Garnieren

Geräucherter Lachs ist immer ein Hochgenuß, doch mit einer Füllung aus Garnelen und Meerrettich ist er unwiderstehlich.

Salatblätter waschen und trockentupfen. Auf einer Servierplatte arrangieren. Die Sahne schlagen, Zitronensaft hinzufügen und abschmecken. Die Meerrettichpaste unterheben. Die Garnelen zugeben, dabei einige zum Garnieren zurückbehalten.

Die Garnelenmischung auf die Lachsscheiben streichen. Die Scheiben zu „Rosen" aufrollen und auf die Salatblätter legen. Die „Lachsrosen" mit Garnelen und frischem Dill garnieren.

Geräucherter, gefüllter Lachs ▶

HERING MIT PORREE UND ZITRONE

SILL MED PURJOLÖK OCH CITRON

FÜR 4–6 PERSONEN

2 Salzheringe (4 Filets)

1 Porreestange, geputzt, in
    Scheiben geschnitten

1 kleiner Bund Dill, grobgehackt

MARINADE

Saft von 2 Zitronen

2 EL Essig zum Einlegen

200 ml Wasser

175 g Zucker

½ TL ganze Pimentkörner

½ TL weiße Pfefferkörner

1 Lorbeerblatt

Porree und Zitronensaft verleihen dem Hering ein intensives Aroma – eine von vielen Möglichkeiten, diesen beliebten Fisch aus nordischen Gewässern zuzubereiten.

Die Salzheringe filetieren und über Nacht wässern. Alle Zutaten für die Marinade in einen Topf geben und zum Kochen bringen. Abkühlen lassen.

Die Heringe in 2,5 cm große Stücke schneiden. Zusammen mit den Porreescheiben und dem Dill in ein Glas schichten. Sobald die Marinade kalt ist, genügend Flüssigkeit darübergießen, so daß die Heringe bedeckt sind. Vor dem Servieren 24 Stunden in den Kühlschrank stellen. Dazu gekochte neue Kartoffeln reichen.

FRISCHER, GESALZENER LACHS

TOURESUOLATTU LOHI

FÜR 4–6 PERSONEN

1 Stück Lachs, Mittelstück,
   etwa 1,5 kg
225 g Salz
1 EL Zucker
3–4 EL grober weißer Pfeffer
frischer Dill

SENFDRESSING

3 EL grobkörniger Senf
2 EL Zucker
4 EL Weißweinessig
175 ml Olivenöl
frischer Dill, gehackt

Eine traditionelle Weihnachtsspezialität, sehr leicht vorzubereiten. Damit das Gericht seinen Geschmack voll entfalten kann, lassen die Finnen den Lachs 2–3 Tage lang draußen im Schnee liegen. Eigentlich braucht dieses Gericht kein Dressing, es schmeckt aber gut mit Dressing aus grobkörnigem Senf.

Den Lachs filetieren, dabei die Haut nicht ablösen. Den Lachs mit Küchenpapier abreiben (nicht abspülen). Die Hälfte des Salzes auf einen genügend großen Teller streuen und ein Filet mit der Hautseite nach unten darauflegen. Zucker und groben weißen Pfeffer über beide Filets streuen, das zweite Filet mit der Hautseite nach oben auf das erste legen. Den Lachs mit dem Dill und dem restlichen Salz bestreuen.

Den Teller mit Folie abdecken und mit einem kleinen Gewicht beschweren. 1–3 Tage kühl stellen. Vor dem Servieren die Gewürze abschaben und die Filets schräg in Streifen schneiden.

Nach Belieben mit einem Senfdressing servieren. Dazu Senf, Zucker und Essig vermischen. Unter ständigem Rühren das Öl tropfenweise zugeben. Viel frischen, gehackten Dill darüberstreuen.

WEINER CHRISTIANSENS
AAL SINGAPUR

SINGAPORE AEL

FÜR 4–6 PERSONEN

1,5 kg frischer Aal, ohne Haut
50 g Butter
2 EL mildes Currypulver
225 g Karotten, in Scheiben
225 g Sellerie, in Scheiben
225 g kleine Pilze
1 Dose Tomaten à 400 g
1 TL Salz
1/4 TL gemahlener schwarzer
   Pfeffer
50 ml Fischsud oder Wasser
225 ml trockener Weißwein

Dieses köstliche dänische Gericht wird in Kopenhagen in vielen berühmten Restaurants serviert. Es kann auch mit Garnelen zubereitet werden.

Den Aal in 4 cm große Scheiben schneiden. Die Butter erhitzen, das Currypulver dazugeben und bei mittlerer Hitze unter ständigem Rühren 2 Min. erhitzen. Das Gemüse hinzufügen. Nach 2 Min. den Aal dazugeben, würzen und Sud und Wein einrühren. Bei abgedecktem Topf 20 Min. köcheln, dabei gelegentlich umrühren. Dazu Reis servieren.

4

FLEISCH, GEFLÜGEL UND WILD

SCHWEINE-FLEISCH MIT ÄPFELN

SVINEKØD MED AEBLE

Das Lieblingsfleisch der Dänen ist Schweinefleisch. Das Schwein gehört auch zu den Hauptexportgütern Dänemarks. Es gibt unzählige Rezepte für die Zubereitung von Schweinefleisch, doch kaum ein Gericht ist so wohlschmeckend wie dieses.

FÜR 4 PERSONEN

450 g durchwachsener Speck, in
  Streifen geschnitten
1 kg rote Tafeläpfel
50 g Zucker

Den Speck anbraten und überschüssiges Fett während des Bratens in einen Teller gießen. So wird der Speck schön knusprig. Den Speck herausnehmen und warm halten.

Die Äpfel waschen, vom Kerngehäuse befreien und in Scheiben schneiden, aber nicht schälen. Die Apfelscheiben in etwas Fett braten, bis sie weich sind. Ein wenig Zucker über die Äpfel streuen. Die gebratenen Äpfel und die warmen Speckstreifen auf einer Platte anrichten. Mit gedünsteten Zwiebeln oder Zwiebelresten servieren. Dieses Gericht kann auch als Brotbelag verwendet werden.

MARINIERTES RINDERFILET MIT PIKANTER SAUCE

GRAVAD OXFILE (MED SENAPSÅS)

FÜR 4 PERSONEN

etwa 450 g Rinderfilet am Stück
Kresse, gehackt

MARINADE

50 ml Madeira

2 EL Rotwein

1 EL Olivenöl

jeweils 2 EL gestoßene weiße
   Pfefferkörner und Pimentkörner
   (oder schwarzer Pfeffer)

1–2 TL geriebener Meerrettich

viel gehackter Schnittlauch oder
   Porree

frische Petersilie, gehackt

PIKANTE SAUCE

3 EL milder Senf

½ TL Zucker

½ TL Salz

1 Eigelb

100–150 ml Öl

Dieses Gericht wird meist mit einem grünen Salat ohne Dressing und mit Brot gegessen. Es schmeckt besonders köstlich, wenn man Croûtons darüberstreut.

Die Zutaten für die Marinade vermischen. Das Fleisch in eine flache Schüssel geben und mit Marinade begießen. Umdrehen und die Marinade ins Fleisch klopfen. Gehackte Kresse darüber verteilen. Mit Frischhaltefolie abdecken und 48 Stunden in den Kühlschrank stellen.

Gewürze und Kresse abschaben. Das Fleisch in einen Plastikbeutel geben und nochmals 48 Stunden in den Kühlschrank stellen.

Für die Sauce alle Zutaten vermischen, kräftig durchrühren und das Öl langsam zugeben. Falls nötig, die Sauce mit einigen Löffeln Wasser oder etwas Zitronensaft verdünnen.

Das Rindfleisch mit einem sehr scharfen Messer in dünne Scheiben schneiden. Mit der pikanten Sauce servieren.

Schwedische Mädchen haben sich für die Ankunft des Frühlings geschmückt.

KARTOFFELKLÖSSE MIT SPECKFÜLLUNG

KROPPKAKOR

FÜR 4–6 PERSONEN

12–14 mittelgroße Kartoffeln,
  etwa 1 kg

2–3 Eier

100–150 g Mehl

1 1/2 TL Salz

2 l Salzwasser

zerlassene Butter zum Servieren

FÜLLUNG

50–200 g roher Speck, gewürfelt

50–200 g geräucherter Speck,
  gewürfelt

2 Zwiebeln, gehackt

1/2 TL schwarzer Pfeffer

Kartoffelklöße ganz besonderer Art! Der salzige, rauchige Geschmack der Füllung aus Speck und Zwiebeln in den zarten Klößen sorgt für eine köstliche Überraschung.

Die Kartoffeln kochen, bis sie weich sind, abkühlen lassen und stampfen. Für die Füllung den Speck und die Zwiebeln in einem Topf anbräunen. Mit Pfeffer würzen und abkühlen lassen. Die Stampfkartoffeln mit Eiern, Mehl und Salz vermischen und zu einem Teig verkneten. Zu einer dicken Rolle formen, daraus 12–14 gleich große Stücke schneiden.

In jeden Knödel eine Vertiefung drücken, die Speckfüllung hineingeben und mit Teig umschließen. Zu Bällchen formen und ein wenig flach drücken. Das Salzwasser zum Kochen bringen und die Klöße nacheinander vorsichtig hineingleiten lassen. 5 Min. ziehen lassen beziehungsweise warten, bis sie nach oben steigen. Mit zerlassener Butter servieren.

Kartoffelklöße mit Speckfüllung ▶

SCHNEEHUHN (MOORHUHN)

RYPER

FÜR 3 PERSONEN

3 Schneehühner

3 dünne Scheiben Schweineschmalz oder fetter Speck

25 g Butter

Salz und Pfeffer

SAUCE

2 EL Mehl

300 ml Brühe

1 Leber vom Schneehuhn, gehackt

100 ml süße oder saure Sahne

50 ml Johannisbeergelee

Wild ist in Norwegen sehr beliebt. Bei dieser Zubereitung bleibt das Fleisch schön saftig. Der kräftige Geschmack des Johannisbeergelees verleiht der Sauce die richtige pikante Note.

Die Schneehühner säubern und trocknen. Eine Scheibe Schweineschmalz oder fetten Speck an der Brust unter die Haut schieben. Die Schneehühner genauso wie Hühner dressieren. Butter in einen Topf geben und darin das Fleisch von allen Seiten anbraten. Mit Salz und Pfeffer würzen. Etwa 250 ml kochendes Wasser in den Topf gießen und die Schneehühner bei schwacher Hitze 45–60 Min. köcheln, bis sie weich sind. Die Schneehühner herausnehmen und warm stellen.

Für die Sauce das Mehl in etwas kaltes Wasser einrühren. Zu der Kochflüssigkeit geben und 5 Min. köcheln lassen. Die gehackte Leber zu der Sauce geben. Sahne dazugießen und mit Johannisbeergelee abschmecken.

HACKBRATEN IM TEIGMANTEL

INBAKAD KÖTTFÄRS

FÜR 4–6 PERSONEN

300 g Mehl
225 g Butter oder Margarine
3 EL kaltes Wasser

HACKFLEISCH

50 g Semmelbrösel
100 ml Sahne
100 ml Wasser
½ Zwiebel, gehackt
Butter zum Braten
400 g Hackfleisch, wahlweise
  Rind, Kalb oder Schwein
1½ TL weißer Pfeffer

FÜLLUNG

100 g tiefgefrorene Hühnerleber,
  aufgetaut
½ TL Salz
½ TL Pfeffer

Die Hühnchenleberfüllung macht den Hackbraten im Teigmantel zu einem echten Leckerbissen.

Für den Teig die Butter oder Margarine mit dem Mehl mischen und mit Wasser zu einem Teig formen. 1 Stunde in den Kühlschrank stellen.

Semmelbrösel mit Sahne und Wasser mischen. Zwiebel in Butter dünsten. Hühnchenleber in Scheiben schneiden, braten und würzen. Hackfleisch mit Salz, Pfeffer, Semmelbröselmischung und gebratener Zwiebel vermengen. Die Mischung zu einem länglichen Laib formen und auf befeuchtetes Pergamentpapier legen. Den Hackfleischlaib oben einschneiden, die Leber hineingeben, dann wieder glattstreichen.

Backofen auf 220 °C (Gas Stufe 4–5) vorheizen. Den Teig zwischen zwei großen Stücken Frischhaltefolie ausrollen. Frischhaltefolie ab und zu entfernen und mit Mehl bestäuben. Ein rechteckiges Stück ausrollen, groß genug, um den Laib zu umschließen. Überschüssige Stückchen abschneiden und beiseite legen. Den Fleischlaib auf den Teig legen. Erst die kurzen Enden hochfalten, dabei den Teig an den Ecken abschneiden, damit er nicht zu dick ist. Die langen Seiten hochklappen, aber nicht zu straff. An den Nahtstellen verstreichen. Päckchen vorsichtig auf ein gefettetes Backblech legen. Mit den restlichen Teigstückchen garnieren. 30–35 Min. backen.

Zu diesem Gericht evtl. kleingehackten Eisbergsalat mit Paprika mit einem Dressing aus 3 EL Mayonnaise, 2 EL Tomatenmark, 3 EL Wasser, Salz und Pfeffer reichen.

Hackbraten im Teigmantel ▶

REH SKANDINAVISCH

PORONKARISTYS

FÜR 4–6 PERSONEN

350 g Speck
Butter zum Kochen
1,5 kg Reh
1 EL Salz
10 ganze Pimentkörner
300 ml Wasser

In Finnland nimmt man für dieses Gericht Rentierfleisch, doch es schmeckt auch mit Reh. Zum Würzen verwendet man grünen und schwarzen Pfeffer, Pimentkörner und Lorbeerblätter.

Speck in dünne Streifen schneiden. Die Butter in einem Topf auslassen und den Speck darin braten. Das Reh in dünne Scheiben schneiden, in kleinen Portionen zum Speck geben und anbräunen. Gewürze und Wasser hinzufügen. Bei abgedecktem Topf ca. 30 Min. langsam garen. Als Beilage Kartoffelbrei und Preiselbeeren reichen.

FLEISCH-KÜCHLEIN

KJOTTKAKER

Ingwer und Muskat verleihen diesen Fleischküchlein ihr unverwechselbares Aroma.

FÜR 4 PERSONEN

500 g Rinderhack
¾ EL Salz
100 g Rindertalg, ersatzweise
  Kokosfett, feingehackt
2 EL Kartoffelmehl oder Maismehl
400–500 ml Wasser oder Milch
1 Prise Pfeffer, Ingwer, Muskatnuß
2 EL Vollkornmehl
50 g Butter zum Braten
½ l kochendes Wasser
1 Zwiebel

Das Hackfleisch mit Salz, Rindertalg und Kartoffelmehl vermischen. Gut rühren, immer in eine Richtung. Nach und nach das kalte Wasser oder die Milch zugießen, bis die Mischung fest wird. Sämtliche Gewürze hinzufügen. Aus der Masse kleine Küchlein formen.

Küchlein in Mehl wenden und braten, bis sie braun sind. In einen Topf legen, sobald sie fertig sind. Kochendes Wasser hinzufügen und ca. 15 Min. köcheln. Zwiebel blanchieren und in Scheiben schneiden. Bräunen, dann in der Kochflüssigkeit mitköcheln. Für die Sauce Butter und Mehl bräunen und nach und nach die Kochflüssigkeit oder Brühe dazugeben.

Fleischküchlein ▶

KLÖSSE

MELBOLLER

*Klöße sind aus der traditio-
nellen dänischen Küche nicht
wegzudenken und vor allem in
ländlichen Gebieten heiß
geliebt. Häufig werden sie als
Beilage zu Fleisch genossen,
jedoch auch in warmen oder
kalten Suppen.*

FÜR 4–6 PERSONEN

75 g Butter

50 g Mehl

100 ml kochendes Wasser

2 Eier, getrennt

½ TL Salz

¼ TL Zucker

Die Butter zerlassen und das
Mehl einrühren, dabei nach und
nach kochendes Wasser dazugießen. Die Mischung kühlen.

Das Eiweiß steifschlagen.
Eigelb, Salz und Zucker zu der
kalten Butter-Mehl-Mischung
geben. Den Eischnee unterheben. Zu kleinen Bällchen
formen. Die Knödel einige Min.
in kochendem Wasser garen.
Sie passen zu fast allen Suppen.

ROBERTOS KALBSROULADEN

ROBERTOS KALVRULADER

FÜR 4 PERSONEN

600 g Kalbsrouladen, dünn
   geschnitten

50 g Pilze, feingehackt

100 g Schweinegehacktes

1 EL geriebener Parmesan

1 Scheibe Weißbrot, zerbröselt

1 Ei, verschlagen

1 EL frische Petersilie, gehackt

1 TL Salbei

Salz und Pfeffer

Butter zum Kochen

1–2 mittelgroße Zwiebeln, in
   Scheiben geschnitten

1 Karotte, in Scheiben

300 ml Weißwein

2 EL Tomatenmark

Pfeilwurzmehl zum Binden

Dieses traditionelle schwedische Gericht wird genauso gern in Restaurants gegessen wie im privaten Kreis.

Die Kalbsrouladen so dünn wie möglich klopfen und halbieren. Pilze, Schweinehack, Käse, das zerbröselte Brot, Ei, Petersilie, Salbei, Salz und Pfeffer vermischen.

   Die Füllung auf das Kalbfleisch streichen und die Scheiben aufrollen. Die Rouladen mit Cocktailspießen feststecken. Von allen Seiten in einer Pfanne mit Butter anbraten, dann in einen Bräter legen. Zwiebeln und Karotte dazugeben.

   Den Wein mit dem Tomatenmark in der Pfanne aufkochen und in den Bräter gießen. Abgedeckt 30–40 Min. köcheln. Wenn nötig, mit etwas warmem Wasser verdünnen. Die Kochflüssigkeit abseihen, mit etwas Pfeilwurz binden, würzen und wieder über die Rouladen gießen. Mit gekochtem Reis oder Kartoffeln und grünem Salat servieren.

Robertos Kalbsrouladen ▶

KARELISCHER FLEISCHTOPF

KARJALANPAISTI

FÜR 4–6 PERSONEN

450 g Portwein

450 g Hammelfleisch

450 g Rindfleisch

1 ½ EL Salz

15–20 ganze Pimentkörner

2 Zwiebeln, in Scheiben

1,1 l Rinderbrühe

Karelien liegt im Osten Finnlands – dieser Fleischtopf ist ein guter Einstieg, um die Köstlichkeiten dieser Gegend kennenzulernen. Wie alle Gerichte, die langsam schmoren, sollte man ihn am besten einen Tag im voraus kochen, in den Kühlschrank stellen und am nächsten Tag das Fett abschöpfen. Anschließend sollte das Gericht im Backofen bei mittlerer Hitze 30 Min. aufgewärmt und serviert werden, wenn es ganz heiß ist.

Den Backofen auf 150 °C (Gas Stufe 2) vorheizen. Das Fleisch in 2,5 cm große Würfel schneiden und in einen Bräter geben. Salz, Pimentkörner und Zwiebel dazugeben. Genügend Rinderbrühe hineingießen, um das Fleisch zu bedecken. 30–40 Min. schmoren, dabei gelegentlich rühren. Gegen Ende der Kochzeit den Deckel auflegen. Mit Kartoffelbrei servieren.

FLEISCHBÄLLCHEN

KÖTTBULLAR

FÜR 4–6 PERSONEN

7 EL Semmelbrösel

300 ml Mischung aus Sahne und
   Wasser

350 g Rinderhack

100 g Kalbshack

100 g Schweinehack

1 Zwiebel, gehackt

40 g Butter

Salz und Pfeffer

Fleischbällchen dürfen bei keinem Smörgåsbord fehlen. Dieses Gericht ist sehr vielseitig, es paßt im Grunde zu allem und kann immer und überall gegessen werden. Jeder Koch hat natürlich sein eigenes Geheimrezept.

Semmelbrösel in der Sahne-Wasser-Mischung einweichen. Die drei Hackfleischsorten miteinander vermengen. Die Zwiebel in etwas Butter goldbraun braten. Hackfleisch, Zwiebel, Ei und eingeweichte Semmelbrösel vermengen und zu einem Teig verarbeiten. Mit Salz und Pfeffer würzen. Bällchen formen und nach und nach immer zu mehreren in der restlichen Butter braten. Hackfleischbällchen schmecken zu Fleisch oder Hähnchen, in der Suppe oder als kleine Zwischenmahlzeit und können warm oder kalt gegessen werden.

KALBSBRIES MIT KNOBLAUCHMAYONNAISE

KALVEBRISSEL MED HVITLØKMAJONES

FÜR 4 PERSONEN

300 g Kalbsbries

gekochter Reis oder Salatblätter
   als Beilage

FOND

500 ml Wasser

½ TL Salz

5 Pfefferkörner

1 Zweig Petersilie

1 Karotte, in Scheiben

½ Zwiebel, in Scheiben
   geschnitten

1 Lorbeerblatt

KNOBLAUCHMAYONNAISE

150 ml Mayonnaise

50 ml saure Sahne

1 Knoblauchzehe, zerdrückt

2 EL frische Petersilie, gehackt,
   Dill und Schnittlauch

Der köstliche Geschmack dieses Gerichts wird durch die Knoblauchmayonnaise noch verstärkt.

Das Kalbsbries in kaltes Wasser legen und zum Kochen bringen. Abgießen, alle Blutgefäße und die äußeren Häute entfernen. Die Fondzutaten zum Kochen bringen und etwa 10 Min. köcheln. Bries in den Fond geben und nochmals 10 Min. köcheln. Im Fond abkühlen lassen.

   Die Mayonnaise mit saurer Sahne, Knoblauch, Petersilie, Dill und Schnittlauch vermischen. Bries in dünne Scheiben schneiden. Auf einem Bett aus gekochtem Reis oder auf Salatblättern anrichten. Auf jede Scheibe etwas Mayonnaise geben. Mit getoastetem Brot und Butter reichen.

LAMM À LA GOURMET

VORSCHMACK

FÜR 4–6 PERSONEN

1 eingeweichter Salzhering oder
    2 Matjesheringsfilets

8 Sardellenfilets/Anchovisfilets

1 kg Lammbraten

2 mittelgroße Zwiebeln

½ EL Butter zum Kochen

Bratenfond vom Lamm oder
    Kraftbrühe

1 EL Tomatensauce oder
    Tomatenmark

weißer Pfeffer

2 EL Senf

100 ml Sahne

Dieses Gericht stammt aus Polen und war das Lieblingsgericht von Feldmarschall Mannerheim, einem finnischen National-helden. Es eignet sich besonders als Vorspeise oder kleiner Snack am Abend.

Den Hering säubern und filetieren. Filets, Sardellen, Lammbraten und Zwiebeln in den Fleischwolf geben oder in einer Küchenma-schine zerkleinern.

Die Butter in einem Topf zerlassen, die Fleischmischung zugeben und zum Kochen bringen. Ein wenig Fleischfond oder Kraftbrühe zugießen und gut vermischen. Mit Tomatensauce oder Tomatenmark und Pfeffer abschmecken. Senf und Sahne zugeben.

Alles 30 Min. köcheln, dabei gelegentlich rühren, damit nichts anbackt. Sehr heiß mit eingelegten Gurken, eingelegter roter Bete und saurer Sahne servieren. Traditionell wird zu diesem Gericht in Finnland eiskaltes Ryyppy getrunken.

RYYPPY

475 ml Aquavit

475 ml Wodka

200 ml Noilly Prat Wermut

90 ml Gin

Ein traditionelles finnisches Getränk – und äußerst stark! Es wird zu Lamm à la Gourmet und anderen Gerichten getrunken.

Alle Zutaten in einem Shaker mixen und die Gläser bis zum Rand füllen.

Fischer kehren mit ihrem Fang ins dänische Oddenhaven zurück.

REHBRATEN MIT ZIEGENKÄSE

DYRESTEG

FÜR 4–6 PERSONEN

1,5 kg Rehbraten

40 g weiche Butter

Salz und gemahlener schwarzer
 Pfeffer

600 ml Rinderbrühe

15 g Butter

1 EL Mehl

2 TL Johannisbeergelee

175 g Ziegenkäse, gewürfelt

75 ml saure Sahne

*Da Rentierfleisch außerhalb Skandinaviens nur schwer zu be-
kommen ist, kann man für dieses traditionelle Gericht auch Rehbraten nehmen. Wenn man es auf die angegebene Weise zubereitet, bleibt das Fleisch schön saftig. Die Sauce unterstreicht
den köstlichen Geschmack dieser norwegischen Spezialität.*

Den Backofen auf 240 °C (Gas Stufe 5) vorheizen. Das Bratenstück
mit Küchengarn zusammenbinden, damit es während des Kochens
seine Form behält. Das Fleisch mit der weichen Butter bestreichen
und auf den Rost eines Bräters legen. 20 Min. rösten. Die Hitze auf
180 °C (Gas Stufe 3) reduzieren. Reichlich mit Salz und einer Prise
schwarzen Pfeffers bestreuen. Den Fond in den Bräter gießen und
noch 1 Stunde rösten, dabei das Fleisch mehrfach mit Bratensaft
begießen.

   Fleisch herausnehmen und in eine feuerfeste Form legen. Im
ausgeschalteten Backofen bei offener Ofentür ruhen lassen. Das
Fett von der Bratflüssigkeit abschöpfen. Die Menge des Bratensafts
sollte 225 ml betragen, evtl. mit Wasser auffüllen. Erneut erhitzen.

   Die 15 g Butter zerlassen und das Mehl hineinrühren. 2–3 Min.
bei schwacher Hitze unter ständigem Rühren bräunen. Bratensaft
mit dem Schneebesen unterrühren, dann Johannisbeergelee und
gewürfelten Ziegenkäse dazugeben und rühren, bis sich alles aufgelöst hat und die Sauce ganz glatt ist. Saure Sahne dazugeben und
erwärmen, aber nicht kochen. Abschmecken. Das Fleisch in dünne
Scheiben schneiden und mit der Sauce servieren.

Finnische Kinder genießen die Osterfeiertage.

SOMMERLICHES OMELETT MIT WURST

SOMMERAEGGEHAGE MED POLSER

FÜR 4–6 PERSONEN

6 Tomaten

½ Schlangengurke

12 Radieschen

Schnittlauch

5 Brühwürstchen

70 g Butter

8 Eier

100 ml Milch oder Sahne

Pfeffer

Typisch dänisch wird dieses Omelett erst durch die Art des Servierens. Es läßt sich mit den überall erhältlichen dänischen Würstchen leicht zubereiten.

Tomaten, Gurke und Radieschen in Scheiben schneiden; den Schnittlauch hacken. Die Würstchen kleinschneiden und in 15 g Butter anbraten. Die Eier leicht verschlagen und Milch oder Sahne einrühren. Mit Pfeffer würzen. Restliche Butter in einer beschichteten Pfanne erhitzen und die Eimischung hineingeben. Die Wurststückchen zugeben, kochen und rühren, bis die Masse stockt. Abschmecken.

Das Omelett auf einem großen Teller anrichten, mit den Tomaten-, Gurken- und Radieschenscheiben garnieren; mit Schnittlauch bestreuen.

STEAK NACH SCHLOSSHERRENART

SLOTTSSTEK

FÜR 4–6 PERSONEN

800 g Rindfleisch am Stück, ohne
   Knochen (Filet oder Rumpsteak)

15 g Butter

1 TL Salz

6 ganze Pimentkörner

6 weiße Pfefferkörner

1 TL Essig zum Einlegen

1 1/2 EL Sirup

3–4 Anchovisfilets/Sardellenfilets

1 mittelgroße Zwiebel, gehackt

1 Lorbeerblatt

300 ml Brühe

50 ml Portwein

Das schwedische Steak nach Schloßherrenart verdankt seinen besonderen Geschmack der Kombination aus Lorbeerblatt, Anchovis und einem Spritzer Essig; es ähnelt dem schwedischen Schmorbraten.

Das Steak auf beiden Seiten in zerlassener Butter anbraten und mit Salz bestreuen. Die restlichen Gewürze, Essig, Sirup, Anchovisfilets, Zwiebel und Lorbeerblatt dazugeben; ebenso einen Teil des Fonds und den Portwein. Hitze reduzieren, Deckel auflegen und das Ganze bei geringer Hitze 90 Min. köcheln. Währenddessen Fond nachgießen, das Fleisch ab und zu wenden. Prüfen, ob das Fleisch gar ist.

Den Bratensaft durch ein Sieb in einen Topf gießen. Das Mehl mit etwas Wasser verquirlen und zum Binden in den Bratensaft geben. Einige Min. mit dem Lorbeerblatt kochen und die Sahne zufügen. Abschmecken.

Das Fleisch in Scheiben schneiden und portionieren. Mit Salz- oder Röstkartoffeln, frischem Gemüse, Sauce und Preiselbeer- oder Johannisbeergelee servieren.

SAUCE

400 ml Rinderfond

1 1/2 EL Mehl

50–100 ml Sahne

1 Lorbeerblatt

einige Pfefferkörner

Salz und Pfeffer

◄ *Steak nach Schloßherrenart*

LAMMFLEISCH MIT KOHL

FÅR I KÅL

FÜR 4 PERSONEN

1 kg Lamm mit Knochen,
   z. B. Nacken oder Brust

1 kg Weißkohl

25–40 g Butter

1–2 TL Salz

10 weiße Pfefferkörner

1 Lorbeerblatt

450 ml Wasser

frische Petersilie, gehackt

Ein nahrhaftes Gericht besonders für kalte Tage, das nicht nur preiswert ist, sondern auch richtig herzhaft schmeckt.

Das Fleisch parieren, in große Würfel schneiden und in Butter anbraten. Den Kohl in große Stücke schneiden und ebenfalls in Butter anbraten.

Schichtweise Kohl und Fleisch in eine Kasserolle geben. Jede Lage mit Salz und Pfeffer bestreuen. Lorbeerblatt und Wasser zugeben. Deckel auflegen und kochen lassen. Das Fett abschöpfen, dann 90 Min. kochen, bis das Fleisch gar ist.

Mit Petersilie bestreuen und gekochte Kartoffeln dazu reichen.

SCHWEDISCHES HASCHEE

PYTT I PANNA

Geräucherte Bratwürstchen oder Schinken verleihen „Pytt i Panna" einen besonders intensiven Geschmack.

FÜR 4–6 PERSONEN

25–40 g Butter

2 mittelgroße Zwiebeln, feingehackt

350 g geräucherte Bratwurst oder Schinken, gewürfelt

8 gekochte Kartoffeln, gewürfelt

350 g Fleischreste, gewürfelt

Salz und Pfeffer

frische Petersilie, gehackt

Die Hälfte der Butter in einer Pfanne zerlassen, Zwiebeln darin goldbraun dünsten und dann auf eine Platte legen. Restliche Butter in die Pfanne geben. Bratwürstchen bzw. Schinken zusammen mit den gewürfelten Kartoffeln darin braten. Zwiebeln und gewürfeltes Fleisch dazugeben. Alles vorsichtig vermischen, abschmecken und erhitzen. Die Petersilie darüberstreuen. Sehr heiß mit einem rohen Eigelb oder einem Spiegelei darauf servieren. Dazu paßt Gurkensalat oder eingelegte rote Bete. Das rohe Eigelb wird am Tisch untergemischt.

Schwedisches Haschee ▶

DÄNISCHE FRIKADELLEN

FRIKADELLER

Frikadellen sind genauso dänisch wie Danebrog, die dänische Flagge, und es gibt zahllose Varianten. Sie können warm oder kalt gegessen werden.

FÜR 4–6 PERSONEN

50 g Butter
2 EL Öl
1 mittelgroße Zwiebel, gehackt
225 g Kalbshack
225 g Schweinehack
3 EL Mehl
350 ml Sodawasser
1 Ei
1 TL Salz
Pfeffer

Ein wenig Butter und Öl in eine Pfanne geben und die Zwiebel darin goldbraun anbraten. Kalbshack und Schweinehack in einer Schüssel mit Mehl vermischen. Langsam Sodawasser unterrühren, bis die Mischung leicht und schaumig ist. Zwiebel, Ei, Salz und Pfeffer dazugeben, die Schüssel abdecken und 1 Stunde abkühlen lassen.

Aus der Mischung kleine Bällchen formen. Restliche Butter und restliches Öl auslassen; die Frikadellen darin ca. 15 Min. braten. Mit gekochten Kartoffeln, eingelegter roter Bete oder Rotkohl servieren.

ÖSTERLICHES HÄHNCHENGERICHT

PASKEKYLLING MED AEGGARNITURE

FÜR 4–6 PERSONEN

50 g Butter

1,5 kg Hähnchenkeulen

3 mittelgroße Zwiebeln, gehackt

600 ml Hühnerbrühe

225 g Pilze

2 EL frische Petersilie, gehackt

Salz und Pfeffer

225 g Erbsen

2 Eier

2 EL Milch

Butter zum Kochen

2 EL Maismehl

Ein traditionelles Ostermontagsgericht, das mit gefärbten Eiern, neuen Kartoffeln, Karotten und Erbsen serviert wird. Danach wird eine Käseplatte gereicht, schließlich ein Dessert.

Butter zerlassen und Hähnchenkeulen und Zwiebeln darin goldbraun braten. Hühnerbrühe, Pilze und 1 EL gehackte Petersilie dazugeben und mit Salz und Pfeffer würzen. Abdecken und 35 Min. köcheln lassen. 5–8 Min. vor Ende der Kochzeit die Erbsen dazugeben.

Eier und Milch verschlagen und würzen. Die Eimischung in etwas Butter in einer Pfanne braten, bis die Masse stockt. Die Hähnchenkeulen und das Gemüse auf eine vorgewärmte Platte legen und warm halten. Für die Sauce das Maismehl mit etwas Wasser vermischen und die Kochflüssigkeit damit binden. Die Sauce über Fleisch und Gemüse gießen. Gestockte Eimischung in dünne Streifen schneiden und das Gericht damit garnieren. Zum Schluß die restliche Petersilie darüberstreuen.

Österliches Hähnchengericht ▶

LEBER-REIS-AUFLAUF

MAKSALAATIKKO

FÜR 6–8 PERSONEN

40 g weißer Langkornreis

3,25 l kochendes Salzwasser

40 g Butter

1 mittelgroße Zwiebel, feingehackt

450 ml Milch

2 Eier, leicht verschlagen

4 Scheiben durchwachsener
   Speck, gekocht, gewürfelt

100 g Rosinen

2 EL Sirup

2 TL Salz

1 TL weißer Pfeffer

1 TL gemahlener Majoran

700 g Kalbs- oder Rinderleber,
   durch den Fleischwolf gedreht

Vor mehr als tausend Jahren gelangte der Backofen aus dem Osten nach Finnland. Für viele traditionelle finnische Gerichte ist er unentbehrlich.

Den Reis ca. 12 Min. in Salzwasser kochen, abgießen und beiseite stellen. 25 g Butter in einer Pfanne zerlassen. Die Zwiebel darin goldgelb dünsten, herausnehmen und beiseite stellen.

Den Backofen auf 170 °C (Gas Stufe 3) vorheizen. In einer großen Schüssel Reis, Milch und Eier mischen. Gedünstete Zwiebel, gewürfelten Speck, Rosinen und Sirup dazugeben. Mit Salz, Pfeffer und Majoran würzen. Die Lebermasse dazugeben und gründlich vermischen.

Die Mischung in eine feuerfeste Form geben. Unbedeckt etwa 60 bis 90 Min. backen. Mit grünem Salat und Preiselbeer- oder Moosbeerenkompott servieren.

GEBRATENE GANS

GAASE STEG

FÜR 8–10 PERSONEN

225 g Backpflaumen, entsteint

1 Gans (4–4,5 kg)

Saft von 1 Zitrone

225 g Äpfel, geschält, ohne
  Kerngehäuse

1 EL Salz

600 ml Hühnerbrühe oder
  Wasser

1 EL Zucker

Pfeffer

Das traditionelle dänische Weihnachtsessen ist Gänsebraten mit einer Füllung aus Äpfeln und Pflaumen. Dazu werden gedünstete, mit Backpflaumen gefüllte Äpfel gereicht (s. S. 86).

Die Pflaumen 12 Std. in Wasser einweichen. Den Backofen auf 180 °C (Gas Stufe 3–4) vorheizen. Die Gans sorgfältig unter fließend kaltem Wasser waschen und mit Küchenpapier trocken-tupfen. Innen und außen mit Zitronensaft bestreichen, dann innen zusätzlich mit Zucker, Pfeffer und Zwiebeln einreiben. Pflaumen und Äpfel in kleine Stücke schneiden, mit Salz bestreuen und die Gans damit füllen. Die Öffnung zustecken oder zunähen. Mit Salz bestreuen. Die Gans in einen Bräter legen und auf der untersten Schiene etwa 20 Min. backen, bis sie braun wird.

Das Fett abgießen und die kochende Brühe oder das kochende Wasser, Zucker und Pfeffer in den Bräter gießen. Die Gans umdrehen, so daß der Rücken oben liegt, und 1 Std. rösten. Erneut umdrehen und mit der Brust nach oben 1 1/2 – 2 Std. rösten. Weitere 15 Min. bei geöffneter Ofentür im Backofen lassen. Die Füllung herausnehmen und wegwerfen – sie ist viel zu fett.

Zur Weihnachtsgans gefüllte Äpfel (s. S. 86), Rotkohl (s. S. 82) und Karamel-Kartoffeln (s. S. 94) reichen.

*Eine traditionelle Scheune mit Rieddach
in Skansen, Stockholm.*

MOORHUHN MIT SAHNESAUCE

RIEKKO KERMAKSTIKKEESSA

FÜR 4–6 PERSONEN

15–25 g Butter
2 Moorhühner, gesäubert/pariert
2 TL Salz
1/4 TL Pfeffer
400–425 ml Kraftbrühe

SAUCE

etwa 250 ml beim Ruhen der
   Moorhühner ausgetretener
   Fleischsaft
2–3 EL Mehl
225 ml Sahne
Salz

Finnen lieben den Geschmack von Wildbret – manchmal wird sogar Huhn so zubereitet, daß es wie Wild schmeckt: Es wird innen und außen mit einer Mischung aus gehackten Kiefernnadeln und Wacholderbeeren eingerieben, danach läßt man es einige Tage hängen, so daß es nach dem Braten wie Wild schmeckt.

Die Butter in einer Pfanne zerlassen, und die Hühner darin anbraten. Salzen und pfeffern. Die Kraftbrühe dazugeben und etwa 45 Min. köcheln, bis das Fleisch weich ist. Warm stellen.

   Die Flüssigkeit aus der Pfanne durch ein Sieb in einen Topf gießen, das Mehl langsam einrühren und sanft erhitzen. Den Fleischsaft unter ständigem Rühren dazugeben. Sahne einrühren und abschmecken. Einige Minuten köcheln. Das Fleisch von den Knochen lösen und in eine vorgewärmte Schüssel legen. Die Sahnesauce über das Fleisch geben. Dazu gekochte Kartoffeln, Gemüse, Pilze und Beeren oder Johannisbeergelee reichen.

ÖSTERLICHE KALBSHAXE

PASKEKALV

FÜR 4–6 PERSONEN

1 kg entbeinte Kalbshaxe
1 l Rinder- oder Hühnerbrühe
5 Karotten, in Scheiben
15 Schalotten oder sehr kleine
   Zwiebeln
Bouquet garni aus 5 Zweigen
   Petersilie, 1 Stückchen Sellerie,
   1 Lorbeerblatt, 4 weißen Pfefferkörnern und 1/4 TL Thymian, im
   Musselinsäckchen
1 1/2 TL Salz
50 g Butter
25 g Mehl
2 Eigelb, verschlagen
3 TL Zitronensaft
225 g Pilze, kurz angebraten

Hier ein weiteres traditionelles Ostergericht.

Das mit Wasser bedeckte Fleisch 5 Min. kochen. Schaum abschöpfen. Das Fleisch abtropfen lassen, in einen tiefen Topf geben und Brühe, Karotten, Schalotten und Bouquet garni dazugeben. Ein wenig salzen. Aufkochen und wieder Schaum abschöpfen. Etwa 1 bis 1 1/2 Std. köcheln, bis das Fleisch weich ist.

   Fleisch, Karotten und Schalotten herausnehmen. Flüssigkeit durch ein Sieb gießen. Butter zerlassen, Mehl dazugeben und 2–3 Min. unter ständigem Rühren anschwitzen. Nach und nach die Brühe dazugießen, dabei rühren, bis die Mischung dickflüssig ist. Von der Flamme nehmen. Eigelb und Zitronensaft dazugeben, ebenfalls die sautierten Pilze. Das Fleisch in Scheiben schneiden und mit Reis oder Kartoffelbrei servieren.

KALBSBRIES MIT SAHNESAUCE

KALVBRÄSS

FÜR 4–6 PERSONEN

450 g Kalbsbries

25–50 g Butter

1 mittelgroße Karotte, in
  Scheiben geschnitten

1 kleine Zwiebel

1 Lorbeerblatt

¼ TL getrockneter Thymian

1 Zweig Petersilie

4–5 weiße Pfefferkörner

500 ml Hühnerbrühe oder
  Wasser

Butter zum Kochen

1–2 EL Mehl

300 ml Schlagsahne

Salz und Pfeffer

Sherry (nach Belieben)

Ein köstliches Gericht, das ohne Beilagen oder auf Toast gegessen werden kann. Besonders lecker ist es als Füllung für Omeletts. Es läßt sich leicht zubereiten und schmeckt hervorragend – Sie werden begeistert sein.

Das Kalbsbries säubern, dabei alle Blutgefäße und Häute entfernen. Etwa 1 Std. kalt wässern. In leicht gesalzenem Wasser aufkochen. Unter fließend kaltem Wasser ausspülen.

Butter, Karotte, Zwiebel, Lorbeerblatt, Thymian, Petersilie und Pfefferkörner in einen Topf geben. Das Kalbsbries darauflegen und 5 Min. dünsten. Mit Hühnerbrühe bedecken, mit Salz abschmecken und 10 Min. kochen.

Bries in eine Schüssel geben und die Flüssigkeit darüberseihen. Abkühlen lassen. In kleine Stücke schneiden, leicht in Butter anbraten und zwischendurch mit Mehl bestäuben. Die Sahne unter ständigem Rühren dazugeben. So lange rühren, bis die Sauce dick und glatt ist. Mit Salz und Pfeffer abschmecken, evtl. mit etwas Sherry verfeinern.

Straßenszene im sommerlichen Kopenhagen.

KALBSFILET À LA OSCAR

KALVFILE OSCAR

FÜR 4–6 PERSONEN

6 Kalbsfilets oder Kalbsrücken-
    steaks (600–700 g)
Salz und weißer Pfeffer
2 EL Mehl zum Panieren
30 g Butter
1 kleine Dose Spargelspitzen
1 kleiner gekochter Hummer oder
    1 Dose Krabbenfleisch

CHORONSAUCE

2 EL Essig
1 EL Wasser
6 zerstoßene weiße Pfefferkörner
1 EL feingehackte Zwiebel
einige Petersilienzweige
½ TL Estragon
½ TL Kerbel
3 Eigelb
200 g Butter oder Margarine
2 EL Tomatenmark

Dieses Gericht verdankt seinen Namen dem berühmten König Oscar. Es sollte im Idealfall aus Kalbsfilets und mit Hummer und Spargelspitzen garniert werden. Da Kalbsfilet jedoch sehr teuer ist, kann man auch die preiswerteren Kalbsrückensteaks nehmen – König Oscar hat sicher nichts dagegen.

Für die Sauce Essig, Wasser, Pfefferkörner, Zwiebel und Kräuter in einem schweren Topf vermischen und kurz aufkochen. Durch ein Sieb seihen und zurück in den Topf gießen. Den Topf in ein heißes Wasserbad stellen und unter kräftigem Rühren Eigelb mit dem Schneebesen dazugeben. Weiterrühren, bis die Mischung dick und schaumig ist. Butter oder Margarine zerlassen und langsam unter starkem Rühren in die Mischung geben. Nach und nach Tomatenmark dazugeben. Im Wasserbad lassen, während das Fleisch zubereitet wird.

Die Fleischscheiben klopfen, mit Salz und Pfeffer würzen und im Mehl wenden. In einer Pfanne mit der Hälfte der Butter 4 Min. auf jeder Seite braten. Auf eine vorgewärmte Platte legen.

Den Spargel in der restlichen Butter erwärmen. Auf jede Scheibe einige Spargelspitzen mit ein paar Stückchen Hummer- oder Krabbenfleisch und 1 oder 2 EL Choronsauce geben. Mit Röstkartoffeln und Salat reichen.

SCHWEINSFÜSSE

SIANSÖRKKA

FÜR 4–6 PERSONEN

1¾ – 2¼ kg Schweinsfüße,
    möglichst Vorderfüße
3,2 l Wasser
4 TL Salz
20 weiße Pfefferkörner
2–3 Lorbeerblätter

Im Sommer trifft man sich abends häufig im Freien, verteilt Laternen und Kerzen in den Bäumen und genießt das gemütliche Beisammensein. Für solche Abende eignen sich Gerichte, die im voraus zubereitet werden können.

Die Schweinsfüße gut in kaltem Wasser waschen. In einen Topf legen, mit Wasser bedecken und zum Kochen bringen. Schaum abschöpfen und mit Salz, Pfefferkörnern und Lorbeerblättern würzen. Bei kleiner Hitze 2–3 Std. köcheln. Im Topf abkühlen lassen. Herausnehmen und kalt servieren. Dieses Gericht ißt man am besten mit den Fingern.

GEMÜSE
UND
SALATE

SALAT AUS FRISCHEN PILZEN

SIENISALAATTI

FÜR 4–6 PERSONEN

175 ml Wasser

1 EL Zitronensaft

225 g frische Pilze, in Scheiben
  geschnitten

50 ml Sahne

1 EL geriebene Zwiebel

1 Prise Zucker

2 TL Salz

½ TL weißer Pfeffer

Salatblätter

In den nordischen Ländern sammelt man außer Beeren auch gern Pilze. Es gibt Hunderte von eßbaren Arten, und jede hat ihren eigenen, typischen Geschmack. Pilze eignen sich hervorragend für Salate, Suppen und Saucen.

Wasser mit Zitronensaft aufkochen. Pilze hineingeben. Mit Deckel 2–3 Min. köcheln. Pilze abtropfen und auf Küchenpapier trocknen.

   In einer Schüssel Sahne, Zwiebel, Zucker, Salz und Pfeffer mischen und die Pilze in der Mischung schwenken. Auf knackigen trockenen Salatblättern servieren.

Salat aus frischen Pilzen ▶

JANSSONS VERSUCHUNG

JANSSONS FRESTELSE

FÜR 4–6 PERSONEN

6 mittelgroße Kartoffeln

10 Anchovisfilets/Sardellenfilets
  in Marinade

2 mittelgroße Zwiebeln, in dünne
  Scheiben geschnitten

25–50 g Butter

250 ml süße Sahne

Kein Wunder, daß Jansson dieser Versuchung nicht widerstehen konnte! Der salzige Geschmack der Anchovis wird durch die Kartoffeln gemildert. Zwiebeln runden das Gericht geschmacklich ab, und die Sahne macht es einfach unwiderstehlich.

Den Backofen auf 170 °C (Gas Stufe 3) vorheizen. Kartoffeln schälen und in dünne Stifte schneiden. In kaltes Wasser legen, um die Stärke herauszuziehen – die Kartoffeln werden so knuspriger. Währenddessen die Anchovisfilets herausnehmen, evtl. halbieren. Die Marinade aufbewahren. Die Zwiebeln in der Hälfte der Butter goldbraun dünsten.

   Eine feuerfeste Form einfetten. Die Kartoffeln mit Küchenpapier trockentupfen. Kartoffeln, Anchovis und Zwiebeln schichtweise in die Form geben, dabei mit einer Lage Kartoffeln beginnen und abschließen. Die Hälfte der Sahne darübergießen. Die restliche Butter und 4 EL Marinade darauf verteilen. Etwa 25 Min. backen. Restliche Sahne und Marinade darübergeben. Weitere 20 Min. backen. Dazu ein kühles Bier reichen.

ROTKOHL

RØDKAAL

FÜR 4–6 PERSONEN

1,5 kg Rotkohl

40 g Butter

1–2 EL Zucker

50 ml Wasser

50 ml Malzessig

Salz und Pfeffer

2 mittelgroße, säuerliche Äpfel

150 g Johannisbeergelee

Diese pikante, attraktive Beilage – in Dänemark unverzichtbarer Bestandteil des traditionellen Weihnachtsessens – paßt zu den verschiedensten Gerichten und schmeckt noch besser, wenn man sie am Vortag zubereitet und zum Essen wieder aufwärmt. Auch kalt ist sie ein Genuß.

Den Kohl raspeln. Die Butter in einer großen Pfanne zerlassen und den Zucker einrühren. Den Kohl dazugeben und 5 Min. unter ständigem Rühren dünsten. Wasser, Essig, Salz und Pfeffer dazugeben. Den Deckel auflegen und 2–3 Std. köcheln, bis er gar ist. Die geschälten Äpfel reiben und mit dem Johannisbeergelee zum Rotkohl geben.

Der See bei Oldevatn – die norwegische Landschaft in ihrer ganzen Schönheit.

WARMER KARTOFFELSALAT MIT SPECK

VARM POTETSALAT MED BACON

FÜR 4 PERSONEN

100 g Speck, in Scheiben

8–10 gekochte, kalte Kartoffeln,
  in Scheiben

1 mittelgroße Zwiebel, feingehackt

25 g gehackte frische Petersilie

1–1½ EL Weinessig

1–2 EL Wasser

Salz und Pfeffer

Warmer Kartoffelsalat mit dem kräftigen Geschmack von Speckstreifen, intensiviert durch einen Hauch Weinessig, ist ein köstliches Gericht. Es läßt sich schnell und leicht zubereiten und schmeckt hervorragend zu Würstchen und anderem Fleisch.

Speck in feine Streifen schneiden und knusprig braten. Die Kartoffeln mit den anderen Zutaten dazugeben. Vorsichtig vermischen. Den Deckel auflegen und den Salat sanft 5–6 Min. erhitzen. Die Kartoffeln dürfen dabei nicht braun werden!

ÜBERBACKENER CHICORÉE

GRATINERAD ENDIVE

FÜR 2 PERSONEN

etwa 4 Chicorée, in Scheiben
    geschnitten
100 g Speck, gewürfelt
50 g Butter
2 EL Mehl
300 ml heiße Milch
Salz und Pfeffer
1 EL Tomatenmark oder Rotwein
geriebener Käse zum
    Überbacken

Ein äußerst wohlschmeckender Auflauf, mit gekochtem wie geräuchertem Speck. Mit Räucherfisch oder Garnelen schmeckt er ganz anders, aber ebenfalls sehr gut. Wenn Sie ihn mit Garnelen zubereiten, verwenden Sie 100 ml Weißwein und nur 200 ml Milch.

Eine Lage Chicorée in eine feuerfeste Form geben und mit Speckwürfeln bestreuen.

Die Hälfte der Butter zerlassen, Mehl dazugeben und 2–3 Min. unter ständigem Rühren kochen. Dabei nach und nach die heiße Milch einrühren. Diese Sauce mit Salz und Pfeffer, etwas Tomatenmark oder Rotwein abschmecken. Über den Chicorée gießen. Großzügig geriebenen Käse darüberstreuen und die restliche Butter in Flöckchen darauf verteilen. Ca. 20 Min. backen, bis die oberste Schicht eine goldene Färbung annimmt.

STECKRÜBENAUFLAUF

LANTTULAATIKKO

FÜR 4–6 PERSONEN

2 mittelgroße Steckrüben oder
    1 kg weiße Rüben, geschält
1 ½ TL Salz
4 TL Semmelbrösel
50 ml süße Sahne
½ TL geriebene Muskatnuß
2 Eier, leicht verschlagen
25 g Butter

Diesen Auflauf kann man auch gut mit anderen Gemüsesorten zubereiten.

Die Steckrüben in 1 cm große Stücke schneiden und in einen Topf geben. Mit kaltem Wasser bedecken, ½ TL Salz dazugeben, kurz aufkochen und etwa 20 Min. köcheln, bis die Rüben weich sind. Abtropfen lassen und pürieren.

Den Backofen auf 170 °C (Gas Stufe 3) vorheizen. Die Semmelbrösel einige Minuten in der Sahne quellen lassen. Muskatnuß, restliches Salz und verschlagene Eier dazugeben. Das Steckrübenmus hinzufügen und gut vermischen.

Eine große Auflaufform einfetten und die Mischung hineingeben. Die Butter in Flöckchen darüber verteilen. Unbedeckt etwa 1 Std. backen, bis die Oberfläche eine goldbraune Färbung angenommen hat. Dieser Auflauf eignet sich als Beilage zu Fleisch oder Fisch, aber auch als Hauptgericht.

REIBEKUCHEN MIT SCHNITTLAUCH

RÅRAKOR

FÜR 4–6 PERSONEN

4 mittelgroße Kartoffeln

2 EL frischer Schnittlauch, gehackt

2 EL Salz

frisch gemahlener schwarzer
  Pfeffer

25 g Butter

2 EL Pflanzenöl

Frischer Schnittlauch verleiht den Reibekuchen einen richtigen Frühlingsgeschmack, und die knusprige Struktur macht dieses ungewöhnliche Gericht zu einem besonderen Leckerbissen.

Die Kartoffeln über einer großen Schüssel grob raspeln – dabei das Kartoffelwasser, das sich in der Schüssel sammelt, nicht abgießen. Zügig vorgehen, damit die Kartoffeln nicht braun werden. Schnittlauch, Salz und etwas Pfeffer untermischen.

Butter und Öl in einer Pfanne von etwa 25 cm Durchmesser erhitzen. Wenn das Fett heiß ist, pro Pfannkuchen 2 EL der Kartoffelmischung hineingeben. Von beiden Seiten goldbraun backen, dabei flachdrücken. Sofort servieren.

BACKPFLAUMEN-ÄPFEL

KOGT AEBLER MED SVEDSKER

FÜR 4–8 PERSONEN

225 g Zucker

Portwein, zum Abschmecken

16 Backpflaumen

8 große, halbierte Äpfel, geschält und ohne Kerngehäuse

1 l kaltes Wasser

Die mit Backpflaumen in Portwein gefüllten Apfelhälften eignen sich als Beilage zu Gänse- oder Entenbraten.

Den Portwein, 2 EL Zucker und die Backpflaumen in eine feuerfeste Form geben und 6–8 Std. marinieren lassen. Backofen auf 170 °C (Gas Stufe 3) vorwärmen und die Pflaumen 20–30 Min. backen, bis sie weich sind.

Die Äpfel halbieren. Den restlichen Zucker mit dem Wasser in einen Topf geben und 2–3 Min. kochen lassen. Die Äpfel in das heiße, nicht mehr kochende Wasser geben und 10 Min. ziehen lassen. Mit dem Schaumlöffel herausnehmen und auf eine Platte legen. Jede Apfelhälfte mit einer Backpflaume füllen.

KARTOFFELKUCHEN MIT ROSMARIN

POTETKAKE MED ROSMARIN

FÜR 4–6 PERSONEN

8 Kartoffeln

50 g Margarine oder Butter

1 TL frischer oder ½ TL getrockneter Rosmarin

1 ½ TL Salz

Ein köstliches Kartoffelgericht, das leicht zuzubereiten ist.
Der knusprige „Kuchen" entsteht, indem man die Kartoffeln
während des Backens zusammenpreßt.

Die Kartoffeln schälen und hobeln. Waschen und gut abtrocknen.
Margarine oder Butter in einer Pfanne zerlassen und die Kartoffelscheiben sanft anbräunen. Mit Rosmarin und Salz bestreuen.

Die Kartoffelscheiben fest zusammenpressen und bei kleiner
Hitze braten, bis sie gar sind und die Unterseite des Kuchens schön
goldbraun ist. Kuchen umdrehen und hellbraun backen. Als Beilage
zu Fleisch- und Fischgerichten reichen.

CHAMPIGNON-BROKKOLI-AUFLAUF

KANTARELLGRATINERT BROCCOLI

FÜR 4–6 PERSONEN

450 g frischer Brokkoli
Salz

SAUCE

200 g weiße Champignons
15 g Butter
1 1/2 EL Mehl
300 ml Sahne
1/2 – 1 TL Salz
1 EL geriebener Käse

Ein Auflauf aus Brokkoli und Champignons – ein einfaches, aber köstliches Gericht.

Brokkoli in Salzwasser garen. Abtropfen lassen und in eine gebutterte, feuerfeste Form geben. Die Pilze kleinschneiden und rasch in der Butter anbraten. Ausgetretene Flüssigkeit in ein anderes Gefäß gießen. Die Pilze unter Rühren mit Mehl bestäuben. Die Pilzflüssigkeit mit der Sahne vermischen und einige Minuten unter ständigem Rühren kochen. Über das Gemüse gießen und anschließend mit dem Käse bestreuen. 5–8 Min. anbräunen. Mit Fleisch- oder Fischgerichten oder als Hauptgericht servieren.

GEFÜLLTE ZWIEBELRÖLLCHEN

LÖKDOLMAR

FÜR 4–6 PERSONEN

3–4 große gelbe Zwiebeln
1 EL Semmelbrösel
100 ml Sahne
150 g Kalbshack oder
   gekochter Reis
1 kleine Dose Pilze
1 Eigelb
Salz und weißer Pfeffer
Selleriesalz
25 g Butter

Gefüllte Zwiebelröllchen sind eine Delikatesse, die Sie bestimmt begeistern wird. Dieses alte Rezept verdient, wiederentdeckt zu werden!

Zwiebeln schälen und bis zur Hälfte einschneiden. In leicht gesalzenem Wasser kochen, bis sie beginnen, weich zu werden. Abtropfen lassen, dabei die Kochflüssigkeit auffangen. Dann die Zwiebeln unter kaltem Wasser abspülen. Die Schichten vorsichtig ablösen und abtropfen lassen. Den inneren Teil der Zwiebeln fein hacken.

Semmelbrösel in die Sahne rühren und quellen lassen. Mit Hackfleisch oder Reis, Pilzen, gehackten Zwiebelherzen und Eigelb vermischen. Gut mit Salz, Pfeffer und Selleriesalz würzen.

Auf jede große Zwiebelschicht 1 EL der Mischung geben und die Enden darüberschlagen. Die Butter in einer Pfanne zerlassen und die gefüllten Zwiebelröllchen rundherum anbräunen. 150 ml Zwiebelwasser dazugeben, den Deckel auflegen und köcheln, bis die Zwiebeln weich sind. Bei Bedarf Zwiebelwasser nachgießen.

Zwiebelröllchen können auch gebacken werden: Eine feuerfeste Form einfetten, Röllchen hineinlegen und dann im Backofen bei 220 °C (Gas Stufe 4–5) 30 Min. backen.

Gefüllte Zwiebelröllchen ▶

GEMÜSESALAT

ROSOLLI

Rosolli wird besonders gern am Weihnachtsmorgen als leckere kleine Stärkung gereicht.

FÜR 6 PERSONEN

7 frische Rote-Bete-Knollen

5 Kartoffeln

7 Karotten

2 Äpfel

2 mittelgroße Zwiebeln

3 große Dillzweige oder
   1 $\frac{1}{2}$ TL Dillsamen

Salz

Rote Bete und Kartoffeln in der Schale mit den Karotten kochen, bis sie weich sind. Abkühlen lassen und 2–3 Std. in den Kühlschrank stellen. Äpfel und Zwiebeln schälen und hacken. Ebenso den Dill. Alles mit dem Gemüse mischen und mit Salz würzen. Mit Salatcreme servieren.

Gemüsesalat ▶

KRAUTSALAT

VITKÅLS SALAD.

Dieser Salat läßt sich leicht zubereiten und schmeckt viel besser als jeder Krautsalat aus dem Supermarkt. Er eignet sich als gesunde Beilage zu kaltem Fleisch.

FÜR 4–6 PERSONEN

1 kleiner Weißkohl

1 kleine Porreestange

5–6 Karotten

6 eingelegte Gürkchen

DRESSING

100 ml Öl

100 ml Apfelessig

25 g Zucker (oder etwas weniger
   Zucker und 1 Löffel Honig)

1 TL Salz

1 $\frac{1}{2}$ TL grob gemahlener
   schwarzer Pfeffer

etwas Zitronensaft

Kohl und Porree in feine Streifen
schneiden. Karotten grob raspeln
und die Gürkchen hacken.

   Die Zutaten für das Dressing
in einem Topf aufkochen und
heiß über das Gemüse gießen.
Kalt servieren.

WESTKÜSTENSALAT

VÄSTKUSTSALLAD

FÜR 4–6 PERSONEN

200 g gekochte Garnelen

1 gekochter Hummer oder 175 g
   Krabbenfleisch aus der Dose

2 Tomaten

100 g Pilze, in Scheiben

1 Kopfsalat, in feinen Streifen

1 kleine Dose Spargel und/oder
   1 kleines Paket tiefgefrorene
   Erbsen

125 g tiefgefrorener Mais

3 kleine eingelegte Gürkchen

Eispalten zum Garnieren

*Diesen Salat kann man zum Mittag- oder Abendessen oder als
Vorspeise reichen. Er ist leicht, schmeckt hervorragend und kann
im voraus zubereitet und im Kühlschrank aufbewahrt werden.
Das Dressing erst kurz vor dem Servieren darübergeben.*

Die Garnelen schälen. Das Hummer- oder Krebsfleisch herauslösen
und in kleine Stücke schneiden. Die Tomaten in dünne Spalten
schneiden. Meeresfrüchte, Pilze, Salat und Tomaten vorsichtig miteinander vermischen. Spargel und/oder Erbsen, Mais und Gurken
dazugeben. Vor dem Servieren kühlen. Die Zutaten für das Dressing
mischen und über den Salat gießen. Mit Eispalten garnieren.

DRESSING

2 EL Rotweinessig

6 EL Öl

Salz und weißer Pfeffer

◄ *Westküstensalat*

GRÜNKOHL MIT SAHNESAUCE

GRØNKAL MØD FLØDE

FÜR 4–6 PERSONEN

450 g Grünkohl

2 TL Salz

50 g Butter

4 EL Mehl

¼ l Milch

¼ l Schlagsahne

½ TL frisch gemahlener Pfeffer

*In der dänischen Küche spielt Wintergemüse eine wichtige
Rolle. Dieses Kohlgericht ist eine köstliche Beilage zu gepökel-
ter Schweinelende, einem sehr beliebten traditionellen dänischen Gericht.*

Die zarten Grünkohlblätter von den Stengeln lösen und sorgfältig
mit kaltem Wasser waschen. Wasser abschütteln und die Blätter in
große Stücke reißen. 10–15 Min. in Salzwasser kochen. Gut abtropfen lassen und fein hacken.

   Für die Sauce die Butter in einem Topf zerlassen. Vom Herd
nehmen und das Mehl einrühren. Unter kräftigem Rühren Milch und
Sahne gleichzeitig dazugeben. Zurück auf den Herd stellen und bei
kleiner Hitze so lange rühren, bis die Mischung glatt ist. Abschmecken.
Den feingehackten Grünkohl dazugeben und einige Min. erhitzen.

KARAMEL-KARTOFFELN

BRUNEDE KARTOFLER

FÜR 4–6 PERSONEN

700 g kleine Kartoffeln

25 g Zucker

25 g Butter

Die Kartoffel wurde um 1760 in Dänemark eingeführt. Diese süß zubereiteten Kartoffeln wurden früher nur zu besonderen Gelegenheiten gegessen. Auch heute noch gehören sie zum dänischen Weihnachtsessen.

Die Kartoffeln mit Schale kochen. Den Zucker in einer tiefen Pfanne schmelzen. Wenn er golden ist, die Butter dazugeben. Die gepellten Kartoffeln von allen Seiten in der Mischung schwenken, bis sie glasiert sind.

DESSERTS

SAUERRAHM-WAFFELN

FLOTEVAFLER

Früher besaßen viele Familien besondere Waffeleisen, eigens vom Schmied angefertigt und mit individuellen Mustern versehen. Diese Waffeln schmecken genauso köstlich, wenn sie mit modernen Waffeleisen gebacken werden.

FÜR 6 PERSONEN

5 Eier
100 g Zucker
100 g Mehl
1 TL gemahlener Kardamom
  oder Ingwer
175 ml saure Sahne
50 g Butter

Eier und Zucker etwa 5 Min. schaumig schlagen. Mehl, Kardamom oder Ingwer und saure Sahne zugeben. So lange weiterschlagen, bis die Mischung glatt und cremig ist. Butter zerlassen und unterrühren. 10 Min. ruhen lassen. In einem Waffeleisen nach Gerätevorschrift ausbacken. Mit Konfitüre, Sahne oder Puderzucker servieren.

Sauerrahmwaffeln ▶

OSTERDESSERT

PASKEDESSERT

Diese norwegische Spezialität wird alle Schokoladenfans begeistern.

FÜR 4–6 PERSONEN

100 g Butter
100 g Schokolade
6 Eier, getrennt
100 g Zucker
100 g Mandeln, gemahlen
Sahne zum Garnieren

Den Backofen auf 180 °C (Gas Stufe 3–4) vorheizen. Butter zusammen mit der Schokolade in einem Topf schmelzen und rühren, bis die Mischung schaumig wird. Eigelb und Zucker gut verquirlen und zu der Schokoladenmischung geben. Eiweiß steifschlagen. Die gemahlenen Mandeln dazugeben und zuletzt den Eischnee unterziehen.

Eine Backform von 23 cm Durchmesser einfetten und mit Mehl bestäuben. Die Mischung in die Form geben und in ein tiefes Backblech stellen, das zur Hälfte mit Wasser gefüllt ist. Etwa 45 Min. backen. Kalt und mit Sahne garniert servieren.

HONIGPFIRSICHE

HONUNGSPERSIKOR

Lehnen Sie sich doch entspannt zurück, und genießen Sie die Komplimente, die man Ihnen für dieses herrliche Dessert machen wird, das sich so einfach zubereiten läßt.

FÜR 4–6 PERSONEN

4 große frische Pfirsiche oder
  1 große Dose Pfirsichhälften
4 EL Honig
Saft von 2 Orangen
2–3 EL Wasser
Saft von 1 Zitrone (falls Sie
  Dosenpfirsiche nehmen)

FÜLLUNG

4 EL gemahlene Mandeln
4 EL Zucker
50 g weiche Butter

Die frischen Pfirsiche kurz überbrühen, schälen, halbieren und entsteinen. Dosenpfirsiche abtropfen lassen. Honig in einem flachen Topf schmelzen. Orangensaft und Wasser hinzufügen. Wenn nötig, den Zitronensaft dazugeben. Den Sirup aufkochen und die Pfirsichhälften hineingeben. Köcheln lassen, bis sie weich sind, dabei ab und zu wenden.

Den Backofen auf 200 °C (Gas Stufe 4) vorheizen. Die Pfirsichhälften mit der runden Seite nach unten in eine feuerfeste Form legen und den Sirup darübergießen. Gemahlene Mandeln, Zucker und weiche Butter vermischen. Die Füllung auf die Pfirsiche geben. Die Pfirsiche backen, bis die Füllung eine goldene Farbe angenommen hat. Etwas abkühlen lassen und mit Vanilleeis servieren.

BLAUBEER-KUCHEN

MUSTIKKAPIIRAKKA

FÜR 4–6 PERSONEN

Pie-Boden

175 g Butter

75 g Zucker, nach Belieben

1 Ei

75 ml Schlagsahne

250 g Mehl

BELAG

1 kg Blaubeeren

Zucker zum Süßen, nach Belieben

1 TL Semmelbrösel oder
Kartoffelmehl

Finnen essen leidenschaftlich gern Beeren, die sie in den heimischen Wäldern im Überfluß finden können.

Butter weich werden lassen und mit Zucker vermischen, falls Sie Zucker benutzen. Das Ei gut damit vermischen, danach Sahne und Mehl dazugeben. Gut mischen, jedoch nicht verschlagen. Den Teig an einem kühlen Ort 15 Min. ruhen lassen.

Backofen auf 200 °C (Gas Stufe 4) vorheizen. Den Teig auf einem gefettetes Backblech dünn ausrollen, dabei die Ränder auf allen Seiten leicht anheben. Für den Belag Blaubeeren nach Belieben mit Zucker vermischen und mit Semmelbröseln oder Kartoffelmehl mischen. Die Mischung auf den Teig geben. Backen, bis die Kruste goldbraun geworden ist.

Blaubeer-Kuchen ▶

OBSTSALAT MIT EIERSAUCE

HIMMELSK LAPSKAUS EGGDOSIS

FÜR 4–6 PERSONEN

200 g Bananen, in Würfeln oder
Scheiben

200 g kernlose Trauben, halbiert

200 g knackige Äpfel oder
Orangen, gewürfelt

175 g Hasel- oder Walnüsse,
gehackt

Saft von 1 Zitrone

EIERSAUCE

5 Eigelb

2 Eiweiß

5 EL Zucker

1 EL Cognac oder Rum

Ein erfrischender Obstsalat, der mit einer cremigen, pikanten Sauce mit einem Schuß Cognac oder Rum serviert wird.

Obst und Nüsse in einer Schüssel mischen. Den Zitronensaft zugeben, damit das Obst nicht anläuft. 20 Min. in den Kühlschrank stellen. Ein Schälchen für die Sauce kühlen.

Für die Sauce Eigelb, Eiweiß und Zucker in der Küchenmaschine bei mittlerer Geschwindigkeit vermischen. Wenn die Mischung dick zu werden beginnt , Cognac oder Rum dazugeben. Sofort in einer gekühlten Schüssel mit dem Obst servieren.

HIMBEER-TARTE

BRINGEBÆR KAKE

FÜR 6 PERSONEN

TORTENBODEN

225 g Mehl

1 Prise Salz

100 g weiche Butter

25 g Zucker

1 Eigelb

ZITRONENCREME

2 Eigelb

2 EL Zucker

¾ EL Maismehl

250 ml Sahne

2 EL weiche Butter

geriebene Schale von ½ Zitrone

BELAG

Gelatine

200 ml Wasser

2 EL Zucker

Saft von ½ Zitrone

etwa 300 g frische oder 225 g
   tiefgefrorene Himbeeren

Eine köstliche, frische Tarte, mit einem dünnen, knusprigen Boden und einem Belag aus feiner Zitronencreme und Himbeeren. Sie kann sowohl als Nachtisch als auch zum Kaffee gereicht werden.

Backofen auf 180 °C (Gas Stufe 3–4) vorheizen. Mehl und Salz in eine Schüssel geben, die Butter damit vermengen, bis die Mischung krümelig wird. Zucker hineinrühren. Eigelb dazugeben und rühren, bis ein Teig entsteht. Wenn nötig, Wasser dazugeben. Leicht kneten. Eine Obstkuchenform von etwa 23 cm Durchmesser damit auslegen. Etwa 10 Min. backen, bis der Teig goldfarben wird. Kurz abkühlen lassen und vorsichtig aus der Form lösen.

Für die Zitronencreme Eigelb, Sahne, Maismehl und Zucker in einem Topf verschlagen. Die Mischung köcheln, dabei weiterschlagen, bis die Creme dick und schaumig ist. Vom Herd nehmen, Butter dazugeben und abkühlen lassen, dabei hin und wieder rühren. Die erkaltete Creme mit der Zitronenschale vermischen. Gelatine für den Tortenguß in Wasser auflösen. Zucker, Zitronensaft und ausgedrückte Gelatineblätter vermengen.

Die Zitronencreme auf den Tortenboden geben und mit Himbeeren belegen. Den Tortenguß darübergeben, wenn er anfängt einzudicken. Bis zum Servieren kühl stellen.

Himbeer-Tarte ▶

TROLLCREME

TROLLKREM

FÜR 4 PERSONEN

2 Eiweiß

200 ml leicht gesüßtes Apfelmus
   oder 225 g frische oder tiefgefrorene Erdbeeren, in Scheiben
   geschnitten

Wenn Sie sich für diese leichte Trollcreme mit Apfelmus oder Erdbeerscheiben entscheiden, haben Sie in Windeseile ein leckeres Dessert vorbereitet.

Eiweiß steifschlagen. Apfelmus oder Erdbeeren dazugeben. Weiterschlagen, bis Früchte und Eischnee gut vermischt sind. (Mit einem elektrischen Mixer geht es besonders schnell.) Mit Sahne servieren.

ZITRONEN-SOUFFLÉ

CITRONFROMAGE

Ein leichter, erfrischender Genuß für Ihren Gaumen, besonders nach einem deftigen Hauptgericht. Sehr hübsch sieht das Soufflé aus, wenn es in hohen Gläsern mit Schlagsahne und Belegkirschen verziert gereicht wird.

FÜR 4 PERSONEN

Gelatinepulver
geriebene Schale und Saft
    von 1 Zitrone
4 Eier, getrennt
75 g Zucker
150 ml Schlagsahne

Die Gelatine im Zitronensaft quellen lassen. Eiweiß steifschlagen. Die Gelatinemischung in einer Schüssel im Heißwasserbad auflösen und mit Eigelb und geriebener Zitronenschale vermischen. Zucker unter den Eischnee heben, und den Eischnee vorsichtig unter die Zitronenmischung heben. Die Mischung in eine Glasschüssel geben und im Kühlschrank fest werden lassen. Mit Schlagsahne servieren.

ÄPFEL MIT BAISER

EPLER MED MARENGS

Eine ganz neue Art, Äpfel zu genießen: in einem Meer aus Vanillesauce und mit einem hübschen, kleinen Baiserhäubchen.

FÜR 4–6 PERSONEN

5–6 Äpfel

100 g Zucker

25 g Mehl

1–2 Eier

250 ml kalte Milch

1 TL Vanille-Extrakt

BAISER

4 Eiweiß

125 g feinster Kristallzucker

Backofen auf 180 °C (Gas Stufe 3) vorheizen. Äpfel schälen und Kerngehäuse entfernen. Etwa 50 Min. backen, bis sie weich sind. Zucker, Mehl und Eier in einem Topf verquirlen. Milch und Vanille-Extrakt dazugeben; unter ständigem Rühren kochen, bis die Mischung eindickt.

Die Vanillecreme in eine flache, feuerfeste Form geben und die gebackenen Äpfel daraufaufen. Jetzt das Eiweiß steifschlagen. Zucker unterheben. Auf jeden Apfel ein Häubchen setzen. Nach Wunsch mit Zucker bestreuen und mit Früchten garnieren. Etwa 30 Min. backen, bis das Baiser fest geworden ist.

Äpfel mit Baiser ▶

RUMPUDDING

ROMPUDDING

Ein köstliches Eierdessert mit Rum und Schlagsahne. Die etwas zeitaufwendige Vorbereitung lohnt sich wirklich.

FÜR 4–6 PERSONEN

300 ml Milch

2 Eier, getrennt

75 g Zucker

Gelatine

50 ml heißes Wasser

50 ml Rum

300 ml Schlagsahne

Eigelb und Zucker 15 Min. in einer Schüssel verquirlen. Die Milch aufkochen und nach und nach unterrühren; weiterrühren, bis die Mischung eindickt. In einer Schüssel abkühlen lassen.

Gelatine in dem heißen Wasser auflösen. Eiweiß steifschlagen. Aufgelöste Gelatine, Rum und Eischnee in die abgekühlte Mischung geben. In eine angefeuchtete, gezuckerte Form von 1 Liter Fassungsvermögen geben. 30 Min. in den Kühlschrank stellen, damit sie fest wird. Stürzen und mit Schlagsahne garnieren.

OSTERQUARK

PASHA

FÜR 4–6 PERSONEN

1¼ kg Quark

200 g Butter

1 Ei

3 Eigelb

150 g Zucker

200 ml Schlagsahne

1 Vanilleschote, aufgeschnitten

50 g Zitronat

50 g Orangeat

50 g Mandeln, gemahlen

50 g Sultaninen

½ EL gemahlene Nelken

½ EL gemahlener Zimt

2 EL Zitronensaft

20 ganze Mandeln

Belegkirschen

Die finnische Küche wurde wahrscheinlich am meisten von Karelien beeinflußt. Einige Gerichte sind eindeutig russischen Ursprungs. Das wohl traditionellste Osterdessert ist die russische Quarkspeise Pascha.

Den Quark in ein Musselintuch geben und die Flüssigkeit aus dem Quark pressen. Butter schmelzen und mit dem Quark vermischen. Ei, Eigelb und Zucker cremig schlagen. Nach und nach Sahne unterrühren. Die Vanilleschote zugeben. Die Schüssel in ein Dampfbad stellen. Die Mischung so lange rühren, bis sie dick und cremig wird. Vom Topf nehmen und weiterrühren, bis sie abgekühlt ist. Die Vanilleschote entfernen und den Quark unterheben. Zitronat, Orangeat, gemahlene Mandeln, Sultaninen, Nelken, Zimt und Zitronensaft hineinrühren.

Einen etwa 1,2 l fassenden Blumentopf mit einem großen, feuchten Musselintuch auslegen und die Mischung hineingeben. Das Tuch oben locker darüberschlagen und mit einem Gewicht beschweren. 1–2 Tage stehenlassen, dann die Osterspeise auf einen Servierteller stürzen. Mit Mandeln und Belegkirschen garnieren.

Osterquark ▶

PREISELBEER-PARFAIT

KARPALOJAADYKE

FÜR 4–6 PERSONEN

2 Eigelb

150 g Zucker

150 ml Preiselbeermus

400 ml süße Sahne

Ein Parfait ist ein wunderbares Dessert, das bei Ihren Gästen immer gut ankommt. Sie können für dieses Rezept auch andere Beeren Ihrer Wahl benutzen.

Eigelb und Zucker schaumig schlagen. Preiselbeermus dazugeben und verrühren. Die Sahne steifschlagen und vorsichtig unter die Preiselbeermischung heben. Abschmecken, ob evtl. noch Zucker fehlt.

Eine Form von 600–900 ml Fassungsvermögen mit kaltem Wasser spülen. Die Mischung hineingeben und ins Tiefkühlfach stellen. Vor dem Servieren die Form einige Sekunden in heißes Wasser halten, damit das Parfait sich besser löst. Mit frischen Beeren und Schlagsahne servieren.

PFLAUMENMUS MIT SCHLAGSAHNE

LUUMUKIISSELI

FÜR 4–6 PERSONEN

450 g Backpflaumen, entsteint

1,4 l Wasser

100 g Zucker

1 Zimtstange

5 EL Maismehl

GARNIERUNG

2 EL Zucker

300 ml Crême double oder
  Schlagsahne

Dieses traditionelle Dessert stammt aus Westfinnland.

Die Pflaumen über Nacht in kaltem Wasser einweichen. Am nächsten Tag alles in einen Topf geben und mit Zucker und Zimtstange kochen, bis die Pflaumen weich sind. Zimtstange wieder entfernen.

Die Pflaumenmischung mit dem Maismehl, das in etwas kaltem Wasser verrührt wurde, andicken. In Dessertschalen geben und die 2 EL Zucker darüberstreuen. Auf Zimmertemperatur abkühlen lassen. Schlagsahne darauf verteilen oder separat reichen und servieren.

RHABARBERPUDDING

RABARBER COMPOTE

FÜR 4–6 PERSONEN

1 kg Rhabarber
450 g Zucker
2–3 EL Maismehl
50 ml Wasser
1 TL Vanille-Extrakt

Dieser Pudding wird wegen der rotweißen Farbe, die an die dänische Flagge erinnert, auch „Nationaltagsdessert" genannt. Der Nationaltag ist der 5. Juni. An diesem Tag des Jahres 1849 übertrug der König die Macht dem Volk, seitdem wird der Tag als besonderer Festtag gefeiert.

Rhabarber in Stücke schneiden und in einen Topf legen. Den größten Teil des Zuckers darübergeben und mit Wasser bedecken. Deckel auflegen und ca. 10 Min. köcheln, bis der Rhabarber weich ist.

Das Maismehl mit 50 ml Wasser zu einer glatten Paste verrühren und in den Rhabarber geben. Abdecken und köcheln lassen, bis die Mischung dick und klar geworden ist. Vanille-Extrakt hineinrühren. In eine Schüssel geben und mit dem restlichen Zucker bestreuen. Abkühlen lassen und mindestens 30 Min. kühlen. Mit Schlagsahne servieren.

*Boote am Ufer des Nyhaun
in Kopenhagen.*

REIS-MANDEL-PUDDING

RIS AL MANDE

FÜR 8–10 PERSONEN

1 l Milch

50 g Kristallzucker

200 g weißer Langkornreis

50 g blanchierte Mandeln,
  halbiert

1 kleines Weinglas Sherry

1–2 TL Vanille-Extrakt

225 ml süße Sahne, gekühlt

Anfang des 19. Jahrhunderts war Reis so teuer, daß man ihn nur zu besonderen Anlässen servierte. Ein Schälchen dieses Gerichtes wird nach alter Tradition an Heiligabend für den Weihnachtsmann nach draußen gestellt.

Die Milch zum Kochen bringen. Zucker und Reis hineingeben und ab und zu umrühren. Die Hitzezufuhr verringern und köcheln, bis der Reis gar ist. (Als Test ein Reiskorn zwischen Daumen und Zeigefinger reiben, der Reis ist gar, wenn in der Mitte kein harter Kern mehr spürbar ist.) Den Reis sofort in eine flache Schüssel geben, damit er schnell abkühlt.

Wenn er abgekühlt ist, Mandeln, Sherry und Vanille-Extrakt dazugeben. Die steif geschlagene Sahne unter die Reismischung heben. Den Pudding in eine Schüssel geben und vor dem Servieren kühlen. Mit kalter Sherry- oder Himbeersauce übergießen.

EIERKÄSE (BUTTERMILCHKÄSE)

WNIJUUSTO

FÜR 4–6 PERSONEN

4 l Vollmilch

1,5 l Buttermilch

4 Eier, getrennt

1 TL Salz

½ TL Zucker

Mit frischem Obst oder Konfitüre gereicht, ist Eierkäse ein köstliches Dessert. Er kann auch warm serviert werden.

Die Milch langsam zum Kochen bringen, damit sie nicht anbrennt. Buttermilch, Eiweiß, Salz und Zucker vermischen. Die Mischung zur heißen Milch geben, gut rühren und schließlich aufkochen. Vom Herd nehmen und bei Zimmertemperatur abkühlen lassen, bis die Mischung stockt.

Den Käsebruch mit einem Schaumlöffel in ein Sieb geben und 30 Min. abtropfen lassen. Dann die Masse in einer Schüssel gut mit Eigelb vermischen.

Eine Käseform mit einem feuchten Musselintuch auslegen. (Falls Sie keine Käseform haben, können Sie auch ein ausgelegtes Sieb verwenden.) Den Käse löffelweise hineingeben. Das Tuch über den Käse schlagen. Über Nacht abtropfen lassen. Käse zum Servieren auf eine Platte geben. Wenn Sie ihn warm servieren wollen, im Backofen bei 230 °C (Gas Stufe 4–5) 15–20 Min. backen, bis die Oberfläche braun wird.

KUCHEN, GEBÄCK UND BROT

EIVORS ORANGENKUCHEN

EIVORS APELSINKAKE

FÜR 4–6 PERSONEN

150 g Butter

100 g Zucker

3 Eier

geriebene Schale von 2 Zitronen

50 ml frischer Orangensaft

225 g Mehl, gesiebt mit 2 TL
   Backpulver

Butter zum Einfetten

Semmelbrösel zum Bestreuen
   der Form

GLASUR

100 g Puderzucker

2 EL frischer Orangensaft

einige Tropfen Öl und gelbe
   Lebensmittelfarbe

Orangeat

Dieser Orangenkuchen ist leicht, luftig und schmeckt wunderbar erfrischend. Servieren Sie ihn zum Kaffee oder Tee oder als Dessert mit Fruchtsalat.

Butter und Zucker schlagen, bis die Mischung weich und hell ist. Eier nacheinander unter kräftigem Rühren dazugeben. Zitronenschale und Orangensaft mit Mehl und Backpulver vermischen. Eine Kastenform mit der Butter einfetten und mit Semmelbröseln bestreuen. Die Mischung in die Form geben. In den kalten Backofen stellen, auf 170–180 °C (Gas Stufe 3) heizen und 1 Std. backen. Stürzen und unter der Form auskühlen lassen.

   Puderzucker und Orangensaft zu einer glatten Glasur vermischen. Einige Tropfen Öl dazugeben und mit der Lebensmittelfarbe hellgelb färben. Über den Kuchen streichen und mit Orangeat bestreuen.

◄ *Eivors Orangenkuchen*

BISKUITKUCHEN MIT SAURER SAHNE

KERMAKKU

FÜR 6–8 PERSONEN

150 g weiche Butter

225 g Zucker

3 Eier

425 g Mehl

1 TL Backnatron

1 TL Zimt

1 TL Kardamom, gemahlen,
   oder Ingwer

225 ml saure Sahne

1 TL Vanillezucker

Butter zum Einfetten

Semmelbrösel

Kermakku, ein federleichter Biskuit-Teig, wird mit saurer Sahne gemacht und pikant gewürzt mit Zimt, Kardamom oder Ingwer.

Backofen auf 170 °C (Gas Stufe 3) vorheizen. Butter und Zucker verrühren, bis die Mischung hell und cremig ist. Eier nacheinander unter ständigem Rühren hineingeben. Alle trockenen Zutaten, außer Vanillezucker und Semmelbröseln, vermischen. Die Hälfte der Mehlmischung in die cremige Mischung einrühren. Saure Sahne, restliche Mehlmischung und Vanillezucker mit verquirlen.

   Eine runde Backform von 23 cm Durchmesser bestreichen und mit den Semmelbröseln bestreuen. Mischung hineingeben. 50 Min. backen. Den fertigen Kuchen zum Auskühlen auf einen Tortenrost stürzen.

MUTTER MONSENS WEIHNACHTSGEBÄCK

MOTHER MONSENS KAKE

Köstliche Weihnachtsplätzchen, die bis zu 2 Wochen im voraus gebacken werden können.

ERGIBT 24 STÜCK

450 g Butter
450 g feinkörniger Kristallzucker
4 Eier
225 g Mehl
5 ml Vanille-Extrakt
25 g gehackte, blanchierte
   Mandeln
40 g Korinthen

Backofen auf 180 °C (Gas Stufe 3–4) vorheizen. Butter und Zucker in einer Schüssel cremig schlagen oder in der Küchenmaschine bei niedriger Geschwindigkeit vermischen, bis die Mischung hell und schaumig ist. Eier nacheinander unterschlagen. Mehl und Vanille-Extrakt zugeben und zu einem glatten Teig verrühren.

Ein höheres Blech von 30 x 46 cm einfetten. Die Mischung gleichmäßig auf dem Blech ausstreichen und mit Mandeln und Korinthen bestreuen. 20–25 Min. goldbraun backen. Auf dem Blech abkühlen lassen. In 24 Rechtecke oder Dreiecke schneiden. Zur Aufbewahrung in Alufolie wickeln oder in einem luftdicht verschlossenen Behälter an einen kühlen Ort legen.

Mutter Monsens Weihnachtsgebäck ▶

FRITIERTE SPRITZKUCHEN

TIPPALEIVAT

Die Nacht zum 1. Mai ist die Walpurgisnacht. Mit viel Gesang und bunten Luftballons wird der Frühling begrüßt.

ERGIBT 20–30 STÜCK

2 Eier

2 TL Zucker

1 TL Salz

200 ml Milch

400 g Mehl

1–2 TL Vanille-Extrakt

300 ml Pflanzenöl oder Kokosfett
    zum Fritieren

Puderzucker zum Bestäuben

Eier und Zucker vermischen. Die restlichen Zutaten dazugeben und rühren, bis ein geschmeidiger Teig entsteht. Teig in einen Spritzbeutel mit kleiner Tülle füllen. Das Fett in der Friteuse erhitzen. Den Teig in schneller, kreisender Bewegung in das Fett geben, so daß kleine Nester entstehen. Wenn möglich, einen Metallring benutzen, damit das Gebäck seine Form besser behält. Gebäck herausnehmen, wenn es goldbraun geworden ist. Auf einer dicken Lage Küchenpapier abtropfen und auskühlen lassen. Mit Puderzucker bestäuben.

KARNEVALSGEBÄCK

FASTERLAVNSBOLLER

ERGIBT 8–10 STÜCK

TEIG

15 g Trockenhefe

50 ml lauwarmes Wasser

25 g Zucker

1 Ei

1 Eigelb

½ TL Salz

1 TL gemahlener Kardamom

450 g Butter

175 ml Milch

450 g Mehl, gesiebt

FÜLLUNG

100 g feingehacktes Marzipan

2 EL Zitronat und Orangeat

Puderzucker zum Bestäuben

Am Karnevalsmontag wecken dänische Kinder ihre Eltern frühmorgens auf, indem sie sie sanft mit Birkenzweigen schlagen. Nachmittags spielen sie ein Spiel, das „eine Katze vom Faß schlagen" heißt. Anschließend verkleiden sie sich für eine Party, bei der dieses Gebäck gereicht wird.

Hefe in lauwarmem Wasser auflösen. Zucker, Ei, Eigelb, Salz, Kardamom und 75 g Butter vermischen. Zur aufgelösten Hefe geben. Milch erwärmen. Die lauwarme Milch zu der Mischung geben. Mehl und restliche Butter dazugeben. Den Teig kneten, bis er glatt und geschmeidig ist. Marzipan, Zitronat und Orangeat untermischen. 10 Min. kühlen.

Den gekühlten Teig ca. 8 mm dick ausrollen. In ca. 5 cm große Vierecke schneiden und auf ein gefettetes Backblech legen.

Gehen lassen, bis sich das Volumen verdoppelt hat. Backofen auf 220 °C (Gas Stufe 4–5) vorheizen. Etwa 12 Min. goldbraun backen. Mit Puderzucker bestäuben.

Karnevalsgebäck ▶

NORWEGISCHES VOLLKORNBROT

NORSK HELKORNSBRØD

ERGIBT 1 BROT UND 10 BRÖTCHEN ODER 2 BROTE

50 g ganze Weizenkörner

500 ml Magermilch

50 g frische Hefe

2 EL Salz

1 EL Öl

200 g Quark

1 kg Vollkornmehl

175–200 g Weizenmehl

Weizenschrot zum Bestreuen

Jeder beneidet die Norweger um ihre köstlichen Brotsorten. Hier haben Sie Gelegenheit, selbst einmal so ein Brot zu backen.

Weizenkörner etwa 1 Std. in lauwarmem Wasser einweichen. Milch leicht erwärmen und Hefe hineinrühren.

Salz, Öl, Quark, Vollkornmehl, die gut abgetropften Weizenkörner und zum Schluß auch Weizenmehl dazugeben. Zu einem glatten Teig verkneten. 30 Min. gehen lassen.

Zu einem Brot und 10 Brötchen oder zu 2 Broten formen und in Weizenschrot wälzen. Das Brot in eine gefettete Form von 1 kg Fassungsvermögen legen, die Brötchen auf ein gefettetes Blech legen und gehen lassen, bis sich das Volumen verdoppelt hat. Backofen auf 200 °C (Gas Stufe 4) vorheizen. Das Brot etwa 40–45 Min., die Brötchen bei 220 °C (Gas Stufe 4–5) etwa 20 Min. backen.

KUCHEN AUS JÄMTLAND

SÖNDAGSKAKA FRÅN JÄMTLAND

FÜR 4 PERSONEN

3 Eier, getrennt

3 EL Zucker

5 EL Mehl

geriebene Schale von 1 Zitrone

300 ml Crème double oder
  saure Sahne oder 200 ml
  Frischkäse

Butter zum Einfetten

Semmelbrösel zum Bestreuen
  der Form

*Der Zitronengeschmack und die cremige Konsistenz dieses Kuchens
werden besonders gut durch Konfitüre oder Obst ergänzt.*

Backofen auf 180 °C (Gas Stufe 3–4) vorheizen. Eigelb mit Zucker
und Mehl verschlagen. Zitronenschale dazugeben. Sahne schlagen
und in die Eimischung rühren. Falls Sie Frischkäse verwenden möch-
ten, diesen einfach unterrühren. Eiweiß schlagen, bis man Spitzen
ziehen kann, und unter die Mischung heben. Gut mischen, jedoch
nicht rühren, damit der Teig nicht zusammenfällt. Die Mischung
in eine gefettete, mit Semmelbröseln bestreute Form geben.
35–40 Min. backen. Während der ersten 25 Min. die Backofentür
nicht öffnen. Den Kuchen frisch gebacken als Dessert mit Konfitüre
Ihrer Wahl oder mit Beeren und weichen Früchten servieren.

MANDELKRANZ

KRANSEKAKE

FÜR 6–8 PERSONEN

500 g Mandeln
500 g Puderzucker
3 Eiweiß

ZUCKERGUSS

200 g Puderzucker
½ Eiweiß
1 TL Weißweinessig

Dieser Kuchen ist leider schwer zu backen und wird meist von Fachleuten hergestellt. Auch die Form ist in Deutschland nicht erhältlich. Der Kuchen wird in Norwegen traditionsgemäß am 17. Mai, dem Nationalfeiertag, gegessen. Er besteht nur aus 3 Zutaten: Mandeln, Puderzucker und Eiweiß. Besonders hübsch sieht die fertige „Pyramide" aus, wenn man sie mit Marzipanfrüchten garniert.

Mandeln blanchieren, schälen und trocknen lassen. Zu einer Paste mahlen. In einer Schüssel mit Puderzucker vermischen. Die Hälfte vom Eiweiß dazugeben und zu einem Teig vermengen. Schüssel über einen Topf mit köchelndem Wasser stellen. Restliches Eiweiß einrühren. So lange weiterrühren, bis der Teig lauwarm ist.

Backofen auf 170 °C (Gas Stufe 3) vorheizen. Verschieden große Kranzformen einfetten und mit Mehl bestäuben. (Am besten eignen sich Formen in zunehmender Größe von 7,5 cm, 13 cm, 18 cm und 23 cm Durchmesser.) Warmen Teig in eine Spritztüte mit großer Tülle füllen und in die Kranzformen spritzen. Die Formen auf Backbleche stellen, dabei die verschiedenen Größen aufeinanderstellen. Goldbraun backen. Für den Zuckerguß so viel gesiebten Puderzucker in das Eiweiß mit dem Essig geben, bis sich feste Spitzen bilden. In eine Spritztüte mit einer kleinen Tülle löffeln. Größten Kranz auf eine Platte legen und mit Zickzackmustern aus Zuckerguß verzieren. Den nächstgroßen Kranz darauflegen und so oft wiederholen, bis alle Kränze aufeinanderliegen und verziert sind. Die Höhe des Kuchens hängt von der Anzahl der Kränze ab.

*Ein prachtvoller Maibaum auf
den finnischen Aland-Inseln.*

ZITRONEN-TARTE

CITRONKAK

FÜR 6–8 PERSONEN

200 g Mehl

90 g Butter

50 g feinkörniger Kristallzucker

CREME

2 Eier

2 EL Mehl

½ TL Backpulver

geriebene Schale von ½ Zitrone

Kristallzucker zum Sieben

Der Zitronengeschmack der Creme harmoniert hervorragend mit dem einfachen, aber sehr leichten und leckeren Kuchen.

Den Backofen auf 170 °C (Gas Stufe 3) vorheizen. Mehl, Butter und Kristallzucker zu einem Teig verkneten. Mit dem Teig eine gefettete Tortenbodenform von 23 cm auslegen und ein wenig ruhen lassen. Dann etwa 20 Min. blindbacken. In der Zwischenzeit alle Zutaten für die Creme, außer dem Kristallzucker, mischen. Mischung auf dem Boden verteilen. Weitere 25 Min. backen. Aus der Form lösen und den Kuchen abkühlen lassen. Kristallzucker darübersieben und servieren.

Zitronen-Tarte ▶

KLEINE MANDELKUCHEN

MANDELBAKKELS

ERGIBT 16–20 STÜCK

100 g gehobelte Mandel-
  blättchen

Butter zum Einfetten

2 Eier

175 g Zucker

2–3 Bittermandeln, gerieben

125 g Mehl

75 g Butter, zerlassen

Die Zubereitung dieser kleinen Küchlein mit ihrem köstlichen Mandelgeschmack, bei deren Anblick einem das Wasser im Mund zusammenläuft, ist kinderleicht. Zu besonderen Anlässen kann man die kleinen Kuchen mit Sherry oder frisch gepreßtem Orangensaft mit einem Schuß Rum tränken und mit Schlagsahne garnieren.

Den Backofen auf 200 °C (Gas Stufe 4) vorheizen. Mandelblättchen leicht rösten, dann zerkrümeln oder fein hacken. Abkühlen lassen. 16–20 kleine Kuchenförmchen gut mit Butter einfetten und mit den gehackten Mandeln bestreuen.

Eiweiß schaumig schlagen, Zucker dazugeben und zu einer luftigen Mischung aufschlagen. Geriebene Mandeln, Mehl und die abgekühlte Butter hinzufügen. Vorsichtig rühren, damit die Mischung nicht zusammenfällt. In das Förmchen auf dem Backblech geben. 15 Min. backen. Stürzen und unter den Förmchen trocknen lassen.

BRAUNE MUFFINS

BRUNA MUFFINS

Es gibt nichts Verführerisches als frisch gebackene Muffins zum Tee oder Kaffee. Diese Muffins haben einen ganz besonderen Geschmack. Sie eignen sich gut zum Einfrieren.

ERGIBT 15–20 STÜCK

100 g Butter

200 ml Sirup

2 Eier

3 EL Orangenmarmelade

3 EL kalter, starker Kaffee

3 EL Mandeln oder Haselnüsse,
  gehackt

200 g Mehl

2 TL Backpulver

1 TL gemahlener Zimt

100 ml Sahne

Den Backofen auf 220 °C (Gas Stufe 4–5) vorheizen. 12 Muffinförmchen einfetten. Butter weich und cremig schlagen. Sirup und Eier nacheinander dazugeben und verrühren. Marmelade und Kaffee daruntermischen. Mandeln oder Haselnüsse mit Mehl, Backpulver und Zimt vermischen. Die Mehlmischung abwechselnd mit der Sahne in den Teig rühren. Teig auf die Förmchen verteilen. Etwa 10 Min. backen. Unter einem Tuch abkühlen lassen.

Braune Muffins ▶

PLÄTZCHENKUCHEN

ISCHOKLADKAKA

Plätzchenkuchen, bei uns auch als „Kalter Hund" bekannt, ist einfach köstlich und braucht nicht einmal gebacken zu werden.

FÜR 4–6 PERSONEN

250 g Kokosfett

2 Eier

175 g Puderzucker, gesiebt

75 g Kakaopulver, gesiebt

100 g Butterkekse

15–20 Stücke Schokolade (nach Belieben)

Das Kokosfett in einem Topf schmelzen und abkühlen lassen. Eine Kastenform mit Pergamentpapier auslegen. Eier und Puderzucker cremig schlagen. Kakaopulver in die Eimischung rühren. Fett dazugeben und gut verrühren. Eine dünne Schicht dieser Mischung in die Form geben, darauf eine Lage Plätzchen verteilen. Den Vorgang mehrfach wiederholen und mit einer Kakaoschicht abschließen. Über Nacht abkühlen lassen, aber nicht ins Gefrierfach stellen. Den Kuchen herausnehmen und auf eine Platte legen. Mit Schokoladenstückchen garnieren und in dünne Scheiben geschnitten servieren.

VANILLERINGE

VANILLE KRANSE

ERGIBT 20 RINGE

225 g Butter

225 g Zucker

1 Ei

2 TL Vanille-Extrakt

75 g gemahlene Mandeln

350 g Mehl

 Vanilleringe

Dänische Plätzchen und Kuchen sind köstlich und sehr dekorativ. Sie sollten auf dem Kaffeetisch einen besonderen Ehrenplatz erhalten.

Den Backofen auf 180 °C (Gas Stufe 3–4) vorheizen. Butter und Zucker in einer Schale oder in der Küchenmaschine langsam cremig schlagen, bis die Mischung leicht und schaumig ist. Das Ei damit verschlagen und Vanille-Extrakt, Mandeln und Mehl dazugeben. Die Paste in eine Spritztüte mit sternförmiger Tülle füllen. 5 cm große Ringe auf ein gefettetes Backblech spritzen. 8–9 Minuten backen.

FASTENWECKEN

LASKIAISPULLA

ERGIBT 20 STÜCK

500 ml Milch

2 Eier

200 g Zucker

50 g frische Hefe

3 TL Salz

1 EL gemahlener Kardamom

225 g Butter oder 200 ml
 Pflanzenöl

1,1 kg Mehl

Eigelb zum Glasieren

FÜLLUNG

300 ml Sahne

1 El Zucker

HEISSE SCHOKOLADE

1,5 l Milch

4 EL Kakaopulver, gesiebt

2 EL Zucker

Eine traditionelle finnische Mahlzeit zur Fastenzeit besteht aus grüner Erbsensuppe, Schweinsfüßen und Fastenwecken. Alle Zutaten sollten Zimmertemperatur haben, damit der Teig schneller geht.

Die Milch erwärmen, bis sie lauwarm ist. Eier und Zucker cremig schlagen. Milch, Hefe, Salz und Kardamom dazugeben. (Falls Sie Öl statt Butter benutzen, das Öl jetzt dazugeben.) Mehl und Butter kräftig unterrühren. Viel Luft läßt den Teig besser und schneller aufgehen. Teig auf einem gut bemehlten Brett so lange kneten, bis er sich leicht von den Händen lösen läßt. Mit einem Tuch bedecken und warten, bis sich das Volumen verdoppelt hat. 20 Kugeln daraus formen und auf ein gefettetes Backblech legen. Mit einem Tuch bedecken und an einem warmen Ort etwa 30 Min. gehen lassen. Den Backofen auf 190 °C (Gas Stufe 3–4) vorheizen.

Teigkugeln mit Eigelb bepinseln. Etwa 30 Min. backen, bis sie goldbraun sind. Auf einem Kuchenrost auskühlen lassen.

Für die Füllung Sahne und Zucker verschlagen. Die Wecken aufschneiden und wie Windbeutel mit der Schlagsahne füllen.

Für die heiße Schokolade Milch aufkochen und Kakaopulver und Zucker unter ständigem, kräftigem Rühren dazugeben. Die Wecken einzeln in Schalen legen und vor dem Servieren mit heißer Schokolade übergießen.

REGISTER